で、オリンピックやめませんか？

天野恵一・鵜飼 哲 編

Why don't you stop the Olympics?

AKISHOBO

目次

で、オリンピックやめませんか？

はじめに

2020東京オリンピックが一年後にせまっています。日本じゅうがお祭りの準備をするなかで、これって本当にいいことなの?と、ひそかに疑問をいだいている人は、けっこう多いのではないでしょうか。この本はきっと、その疑問にこたえてくれるはずです。

どこから読んでもかまいません。東京オリンピック、パラリンピック、ひいては近代オリンピックそのものが抱えているあらゆる問題を、講演と質疑応答のかたちでかみくだいてお伝えします。本の終わりに「2020東京オリンピックに反対する18の理由」をまとめてみました。

この本を読み終えても、やっぱりオリンピックをやろうと思われるでしょうか。いや、とんでもないと思われたなら、今からでも遅くありません、声をあげましょう。で、オリンピックやめませんか?

二〇一九年七月

編者

世界のオリンピック批判

2018平昌冬季オリンピックの実態

イ・ギョンリョル

私は平昌《ピョンチャン》冬季オリンピックの分散開催を求める市民の会で活動してきました。とりわけ加《カ》里王山《リワンサン》の環境破壊に反対する活動のなかで使われたスローガン「たった六日間の競技のために五〇〇年も続いた山を破壊する価値があるのか」がたいへん評判になりました。

平昌冬季オリンピック反対運動あるいは分散開催運動は、三つの団体が連携して行われています。一つは文化連帯。体育だけではなく広範囲の文化に関わる活動で中心的な役割を果たしています。二つ目はスポーツ文化研究所。文化連帯の一部で、私はここで幹事として活動してきました。三番目が体育市民連帯。大学教員やジャーナリストなどが参加する二〇名規模のNGOです。環境団体である緑色連合も連携する形で活動をしてきました。

開催への異論が増える

平昌オリンピックの一年前、二〇一五年の韓国ギャラップの調査で、「平昌オリンピックに関心があるか」という質問に四八％が「関心がある」、三一％が「関心がない」と答えました。「平昌オリンピックは成功するか」という質問には「成功する」四九％、「成功しない」三八％。一四年の調査では「成功する」が六四％でした。平昌オリンピックが決定した二日後、一一年七月九日の調査では九二・四％の人々がオリンピックの招致はよいことだと回答していました。招致決定のときには九二％が賛成していたのに、その後六四％、さらに四九％まで下がったことは、何を意味しているのでしょうか。

オリンピックの主催者側では、朴槿恵《パククネ》大統領の弾劾といった政治的状況などが理由にあげられています。しかし私たちは、この一〇年間で人々の間に積り積ったメガスポーツイベントに対する批判意識によるものだと思います。私たちは、経費節約、環境問題、南北の平和的関係構築などのためにオリンピックの分散開催を促す会を作りました。こうした市民団体の要求を政府が完全に無視したことから、人々の関心が下がったのではないでしょうか。

メガスポーツイベントへの批判意識が芽生えたきっかけは、一四年の仁川《インチョン》アジア競技大会でした。〇二年の釜山《プサン》アジア大会や一一年の大邱《テグ》世界陸上大会など、すべてのメガスポーツイベントが赤字あるいは予算の浪費などの批判を受けていたのですが、その中でも最悪だったのが仁川アジア大会でした。

一兆五〇〇〇億ウォン（約一五〇〇億円）が仁川市や国家から支出され、招致のときは一二兆ウォンの経済効果と二七万人の雇用効果があると試算されました。しかし競技が終了した一年後、一五年一二月で赤字が一兆七五億ウォンで、市の債務の三二%を占めます。一六の新設競技場の運営赤字も一五年の時点で一六四億ウォンになります。そこで市は、障害者向け予算を五五億ウォン削減しました。一七年時点で仁川市は韓国で唯一の財政危機地方自治体となっています。平昌オリンピックの予算は仁川アジア大会の約五倍になるので、その被害はより甚大なものになります。

カリワン山の環境破壊問題

平昌五輪にはもうひとつ、加里王山《カリワンサン》の環境破壊問題があります。江原道《カンウォンド》（行政区）の旌善《チョンソン》にあるカリワン山は、海抜一四三三メートル。五〇〇年前から、王朝時代も含め、豊かな自然環境が保護されてきた山で、朝鮮人参がとれるところです。韓国でも一番高いレベルの森林保護区だったのですが、オリンピック招致の直後、専門家による報告書も、市民に対する説明もないまま、この保護法を変えてカリワン山がスキー競技場に確定されました。標高差八〇〇メートル以上という国際スキー連盟の基準にあてはまる、近くで唯一の場所だったからです。これに対して環境団体の緑色連合は最も活発な反対運動を行いました。署名活動、代替スキー場提示、討論集会、国際環境団体との連携、住民によるオリンピックの監査と訴訟などです。

カリワン山の代替地として環境団体が提案したのがマナンゼです。炭鉱の跡地で、標高差は九一〇メートルと、カリワン山よりも大きい。後ろに韓国最大のハイワンスキー場があり、宿泊施設もすでにあります。廃坑地の復元利用は「環境オリンピック」にもふさわしいと思いました。私たちの合理的な提案に対して、政府側の反対理由は単純です。韓国の組織委員会がIOCに出した最も重要な提案は、競技会場がメインスタジアムから三〇分以内の場所にあるということです。カリワン山はメインスタジアムから三〇分ですが、マナンゼは一時間半かかる、というのが政府側の反対理由でした。

分散開催と代替案の提起

このような流れのなかで一四年一二月、IOCの「オリンピック・アジェンダ2020」が発表されました。最も重要なことは、国家と国家、都市と都市の間での分散開催を可能にするということです。すべての競技会場がメインスタジアムから三〇分以内にあるという平昌オリンピック組織委員会の提案が意味のないものとなりました。

最も早い世論調査で約六〇%が分散開催に賛成と回答しました。世論が高まっていくと、パク・クネ大統領は公式の席で、分散開催はないと発言し、オリンピック組織委員長や国会議員などが口裏を合わせるようになります。私たちはパク・クネ発言の二か月後、一五年二月に分散開催を求める市民の会を発足させました。スポーツ、環境、文化、芸術、経済など五一の市民団体の連帯機構です。そして体育の大学教授、ハンギョレ新聞の社長、メディア関係の大学教授、他の環境問題の団体の代表などが集まり、「カリワン山スキー場の建設を中止せよ」「分散開催で多額の節約ができる」「新しいオリンピックは可能だ」などの主張を掲げました。

私たちの分散開催案は、たとえば次のようなものです。ボブスレーは長野でやる。アイスホッケーなど、いくつかの氷上競技はソウルでやる（アイスホッケーのソウル開催はアイスホッケー連盟からも言われたことです）。またソウルにある氷上競技場の再利用。そして八八年のソウル・オリンピックで作られた体操、水泳の競技場を氷上競技場に作りかえる計画。これには既存の施設を利用して少し拡張工事をする案と、ハンドボール競技場をアイスホッケー競技場に変える案があります。この案には建築関係の人々と一緒に取り組み、実現すれば一兆ウォンくらい節約できます。

このように私たちの考えはメディアでも注目され、人々にも理解しやすい合理的なものでしたが、無視されました。

運動の拡がり

私たちは様々な活動を続けています。運動はネット上でも行い、ソウル駅周辺でチラシを配り、国連の生物多様性の会場前でデモをしました。市民たちと一緒に木を抱きしめるイベントを行ったり、江原道の庁舎の屋上に上って横断幕を掲げたりしました。警察が暴力的に阻止しようとする場面が報道され、江原道からは無断侵入で訴えられました。国会では、長野冬季オリンピックに反対した江沢正雄さんの話を聞く会も開かれました。また人々のカンパでハンギョレ新聞に「カリワン山の涙を拭いてあげて下さい」という全面広告を載せました。

私たちの三か月にわたる活動のあと、世論調査で八〇%の人々が分散開催に賛成となりました。しかし分散開催は否定されて工事が始まり、すでに一〇万本とも三〇万本ともいわれる樹木が伐採され、豊かな森が破壊されています。

平昌に行きましたが、周辺には何もなく、僻地に競技場を作っています。パク・クネと崔順《チェスン》実《シル》の汚職問題で明らかになったのは、この僻地にチェ・スンシルや大企業の敷地がたくさんあるということです。またパク・クネの退任後にその私邸を平昌に作る計画もあったそうです。

パク・クネ汚職問題とオリンピック

日本に来て、日本のメディアから、オリンピックそのものに反対するのか、オリンピックによって生じる問題を批判しているのか、という質問を受けました。私は体育が専門で、大学で体育を教えている先生たちとも話すので、気を遣わないといけないと思うことがあります。

ある団体の設立趣意書があります。「スポーツは国民に自負心と楽しみを与え、人種を越えて世界を一つに結ぶ大会である。これにより一つの社会を実現する。国民の幸せが国家の発展であるということを目標にして大韓民国のスポーツを全世界に知らしめ、その国家理想を高め、経済にも寄与できるスポーツ文化の土台を作ることを目的にする」

これは、チェ・スンシルが設立したKスポーツ財団のものです。いま韓国で焦点となっている類例なき汚職問題は、このようなスポーツイベントを行う人々が掲げた目的をもとに生じたことなのです。スポーツの価値を持ち上げながら何か「問題になること」が行われると、人々は何の拒否感もなくそれを受け入れてしまう。このような汚染された形でスポーツの価値を持ち上げながら行われる問題だらけのオリンピックであるのならば、私はオリンピックに反対すると言いたい。

いま明らかになっているのは、平昌オリンピックと現在の汚職問題との強い関係性です。代表的なことを二つだけ説明します。チェ・スンシルの一族が平昌に所有している土地が七万坪あって、チェ・スンシルの姪に一三〇〇億ウォンの敷地を与えるためにオリンピックの振興法を変えたといわれています。もうひとつ、オリンピック後のスケート場を食品冷蔵庫として使うことになり、一三〇億ウォンくらいで作れる倉庫を一三〇〇億ウォンで作ることになっているそうです。

また二〇一六年一二月の時点で、平昌冬季オリンピックの工事現場で未払賃金が総額二二〇億ウォンあり、被害を受けた労働者が三〇〇〇人います。このような問題を労働組合と連携して明らかにすることも必要になっています。

冬季オリンピックの負の歴史

谷口源太郎

私はオリンピックそのものについての根源的な批判が必要だと思います。歴史を振り返ると、冬季大会をオリンピックに加えたことが、IOCのいい加減さをさらけ出す結果になりました。

自然との共生を否定した冬季オリンピック

一九二一年のＩＯＣ総会で、冬季大会をオリンピックに加えるかどうか大論争がありました。フランス・オリンピック組織委員会がスキーとスケートをオリンピック競技に加えるべきだと提案したのに対して、冬季競技発祥の地ノルウェーは反対しました。ノルウェーには豊かな自然、雪と森林があって、スキーを生活のなかで楽しんでいたので、自然との共生のなかで育まれたのが冬季競技の文化的意味だという考え方がありました。だからフランスの言うスケートやスキーのスロープは人工的だと猛反対した。実はクーベルタンも「オリンピックは夏だけのもの」として反対でした。またオリンピックの五大陸、世界的な規模でのスポーツの普及という目的から考えても、冬季競技が行われているのはごく一部の国でしかないからです。

にもかかわらずこれをオリンピックに加えて、冬季競技のもつ文化を否定してしまった。しかも一九二四年にフランスが中心になって開催した冬季競技会を、後から第一回オリンピック冬季大会にしてしまった。原点にこうした経緯があるために、その後、冬季大会では自然環境破壊があたりまえのように起きます。

日本では一九七二年の札幌大会で、すさまじい自然破壊が行われました。札幌には規定をクリアする滑降競技の会場がなかったので、恵庭岳《えにわだけ》の山林をダイナマイトで破壊して滑降コースを作りました。北海道の自然保護団体なども大反対しました。組織委員会は無責任で、大会後に破壊した本数だけ植えると言ったのですが、多様な植生を復元できるわけはなく、見た目に緑を早く戻すような木を植えた。

自然破壊とリゾート開発

そういうことを自己批判も反省もせず、九八年に長野冬季オリンピックを招致した。長野では江沢正雄さんを代表とする「オリンピックいらない人たちネットワーク」が反対運動をおこしました。大規模な自然破壊として問題になったのは、奥志賀の岩菅山《いわすげやま》にアルペンスキーのコースを作る計画です。岩菅山の向かいにスキー場をもつ西武鉄道グループの堤義明が、広域リゾート開発のためにオリンピックを利用しようとしたわけです。さらに軽井沢をもっと開発するために新幹線を通そうと企んだ。当時の長野県知事が堤にお伺いをたてるという関係で、どんどん進んでいきました。

岩菅山スキー場は何とか阻止されて、アルペンコースは八方尾根に行った。ところが八方尾根には国立公園特別指定地域があります。このとき国際スキー連盟会長のホドラーは、「そこはジャンプで通過すればいいだろう」と言った。つまりコースさえ規定に合えば、国立公園や自然環境など彼には関係ないわけです。白馬村のジャンプ台も、崩れやすい蛇紋岩の地で、地質学者は反対していたのに、信州大学の御用学者たちが「大丈夫」とお墨付きを与え、巨大なジャンプ台を建設してしまった。これは今では国際規格に合わなくなってしまい、国際的なジャンプ競技は一切行われていません。

もう一つは、飯綱高原の樹木を伐採して一七〇〇メートルのボブスレー・ルージュのコースを作ってしまった。ここでも組織委員会は、「伐採した木の数よりすこし多い数の木を後で植える」という数合わせですませました。このコースの維持費を市が払いきれないので、市議会で、今後一〇年間は凍らせないで置いておくことに決めた。壊すより使わずに置いておいたほうが安く収まると。

お金の話をすれば、オリンピックには二兆円の経済効果があると言っていましたが、結果として二兆円の赤字になり、これを長野の市民が税金として最近まで払ってきました。

金で買った長野オリンピック

長野の残した負のレガシーの大きさはとてつもないものです。ＩＯＣは、冬季競技で必ずといっていいほど起こる自然破壊に対して、何ら手を打っていない。環境に関する項目がオリンピック憲章に入ったのは九六年版からで、しかもいい加減な規定しかありません。

劣化したＩＯＣ委員には拝金主義が蔓延し、オリンピックの誘致では巨額の買収資金が動くことが当たり前になっています。ソルトレイクシティー冬季オリンピックの買収問題では、ＩＯＣ委員一〇人が処分されるという大事件に発展した。

長野ほど堂々と買収をやったところはないでしょう。開催地決定のＩＯＣ総会間近にサマランチ会長は、ローザンヌに造っているオリンピックミュージアムの建設費が二〇〇〇万ドル足りないので何とかしてくれないかと堤義明に頼んだ。堤は日本の企業二〇社から一〇〇万ドルずつ集め、それをサマランチに渡しました。この二〇〇〇万ドルには明らかにサマランチによる長野への集票工作に対する報酬の意味がこめられていました。

ＩＯＣのいまの規約では、最高一一五人まで委員になれる。現在一〇〇人前後います。どういう人たちがＩＯＣを構成し、だれが独裁的な影響力をもっているか、批判的にみなければいけません。

選手の道具化に抵抗を

オリンピック憲章には人間の尊厳を大事にすると書かれていますが、冬季オリンピックをみただけでも人間の尊厳を大事にしているとは思えません。テレビスポンサーのために、コースを難しくしたり速いタイムが出る条件をつくったりする。スノーボードのハーフパイプなど本当にアクロバティックになっています。スポーツスペクタクルとしていかに面白いものにするかが、いまのＩＯＣの最大の関心で、その見返りにスポンサーやメディアから巨額の金を受けとっている。いまオリンピックのたびに約八〇〇〇億円の収入がＩＯＣに入るといわれています。商品価値を高めるために選手たちをサイボーグ化してアクロバティックな競技へ駆りたてる。それとともに勝利至上主義に基づくメダル競争で国威発揚を狙う国家によって、選手たちはさんざん政治利用の道具にもされている。
主役であるはずの自分たちが商品や道具にされていることに対して、選手は反対や批判の声を上げるべきです。いまこそオリンピックそのものに向き合って、歴史的な検証をふまえた批判をしなければいけないと思います。

（以上、二〇一七年二月二五日、ピープルズ・プラン研究所）

リオ五輪災害による「排除のゲーム」

ジゼレ・タナカ

二〇一六年リオデジャネイロ・オリンピックに向けて繰り広げられた抵抗運動についてお話しします。私たちは「リオ２０１６排除のゲーム」という名前で運動をしました。今日は私たちの民衆委員会がどのような成り立ちをしてきたかに焦点を当てて紹介していきたいと思います。

出発点としてのワールドカップ

リオデジャネイロ市は人口六三〇万人、周辺の衛星都市を含めれば一一七〇万人という大都市圏になります。この六三〇万人のうち二二パーセントがファベーラというスラムに住んでいます。

リオ・オリンピックが決定されたときにファベーラの人たちは喜びました。というのもオリンピックは多くの投資を呼びこむからです。オリンピックのための投資は九五億ドルとなっていました。通常の市の公共事業の投資額が一七億ドルなので、その何倍もの投資が見込まれていたのです。貧困層にとってもいろいろな恩恵があるのではないかと期待されていました。

オリンピックに先がけてワールドカップサッカーがブラジルで開催されました。この一連のイベントに向けて、様々な社会運動体が動きはじめていました。私たちは民衆委員会を作りましたが、新しい組織として作ったというよりは、これまで様々にあった社会運動体の連携組織として作りました。リオにおける民衆委員会は二〇一〇年に組織されたのですが、一四年のワールドカップに向けて活動していこうということで、一二年にいろんな動きが活発化しました。

一四年にワールドカップが開催される一二の都市で、ローカルな民衆委員会が作られたのですが、共通の標的は都市計画と人権侵害でした。大都市圏でメガイベントによる居住地からの強制退去が頻発しはじめたので、この問題に力を入れました。大きなイベントが開催されると喜んでいる陰で、いろいろな横暴が進んでいく。

メガイベントに投資されるお金は公共のお金、市民の税金から来ているのですが、市民の意見をくむプロセスはなく、行政と開発業者との間だけで話が進んでいきました。メガイベントに必要な法律の整備も、巨大な開発業者に恩恵を与える動きでした。イベントに伴う開発は不動産業者、開発業者に利益があがるもので、都市の「美化」、目障りなものをなくしていこうという力が働きました。

監視され弾圧されるファベーラの住民たち

国際的にもイメージのよい、平和的で美しい都市を作るというスローガンで開発が進められましたが、その陰では様々な社会的闘争が起き、貧困層の弾圧は隠されるかたちで行われ、軍事力まで投入されました。リオの繁華街には路上の物売りがたくさんいましたが、そうした人たちは警察の力で排除され、路上の使用を禁じられ、売っていた品物を没収されました。また路上生活者たちも排除され、観光客が集まる風光明媚な場所、オリンピックの施設が設営されるような場所には目障りだとして、街中から四〇キロも離れた入所施設に押しこめられました。

リオ市郊外の貧困地域とリオ南部の観光地を結ぶ路線バスがあったのですが、貧困地域の若者が高級住宅地にやってくるのを阻止するためリオ市がこの路線を廃止してしまい、貧困地域から都心に入ってくるバスを警察が止めて職務質問や身体検査をするという人権侵害が頻発しました。

また平和的なデモ行進に警察だけでなく軍が投入され、装甲車が町を走りました。反テロリズム法は、社会的なことを訴えるデモ行進を弾圧するために使われました。オリンピック施設の建設現場でも人権侵害が行われ、ひどい労働環境、労働条件のなかで半ば奴隷的な労働が行われました。

ファベーラを平和化するという名目で軍警察が駐留して住民たちに目を光らせています。リオのほとんどのファベーラには武装麻薬組織が入りこんでいますが、住民のごく一部にすぎない麻薬組織を制圧するために軍警察がいきなり入ってきて銃撃戦が起きます。二〇〇九年から一六年の間に軍警察による銃撃戦で被害を被った住民の数は二五〇〇人にのぼっています。住民のデモ行進にはファベーラの子どもたちも参加し、銃撃戦で殺される不安のない平和なファベーラがほしいと訴えていました。

また環境への様々な害も生じました。オリンピックのゴルフ会場が建設されたのは、もとは自然環境を回復させる目的の場所でした。リオ市内にはすでに二つの大きなゴルフ場があったのですが、オリンピックの基準を満たすには別のゴルフ場が必要だという名目で、自然を破壊して三つめのゴルフ場が建設されました。つまりデベロッパーがオリンピックを口実として利用したのです。オリンピック後、このゴルフ場の跡には高級マンションが二二棟建設されました。

強制排除に抗する社会運動

このような出来事に対抗するため様々な社会運動体が集結することになるのですが、それに先駆ける背景があります。一九八〇年代から九〇年代にかけて都市計画に働きかける社会運動が活発になりました。全国的に重要な四つの社会運動組織ができ、貧困層の居住の場所を確保する運動が生まれました。その後、貧困コミュニティのリーダーたちが地域のキリスト教会とともに居住の権利を求める住民運動が盛んになり、それらの運動体が連携してフォーラムをつくる動きも生まれました。この運動は、スポーツイベントでのファベーラの強制退去を阻止するという大きな成果を上げました。

しかし九〇年代後半から二〇〇〇年代にかけて、運動はやや失速しました。そして二〇一〇年、ワールドカップ、オリンピックを見すえて、これまで様々な運動を繰り広げてきた運動体や大学の研究者、NGO、左派政党や政治家たちが加わって民衆委員会が形成され、これを全国的に広げていこうということになったのです。

この民衆委員会で力を入れたのが、ファベーラのコミュニティの強制退去に抵抗する運動でした。二〇〇九年くらいから強制退去が始まり、私たちは対象になっているコミュニティのリーダーたちと連携して抵抗の運動を進めていきました。

強制退去と人権侵害の様子をビデオで録画して国連の人権委員会にもちこんだりもしました。その成果として、国連人権委員会から、メガイベントに伴って行われているコミュニティの強制退去を告発する声がブラジルに届けられました。国際機関による告発は強制力を伴うわけではないのですが、世界に向けて問題が可視化されるという意味はあったと思います。

オリンピックに反対する闘い

オリンピックに反対する運動体は大小様々ありましたが、リオでの千人規模のデモなど、連帯して統一行動も行いました。またFIFAやIOCの関係するすべてのイベントに駆けつけて、デモや抵抗運動を行いました。五輪旗がリオに届いたときのイベントにも駆けつけて、強制退去で潰された家の瓦礫で作った「強制退去大賞」トロフィーを市長に渡しました。

私たちは二つの大きなキャンペーンを行いました。その一つがビラアウトドローモというファベーラに関する運動でした。ファベーラ強制退去反対キャンペーンは三〇のコミュニティについて行っていますが、そのうちの一つがビラアウトドローモです。このコミュニティのリーダーたちは、毎日のように民衆委員会の会議に参加し、自分たち自身で抵抗していこうという動きを示しました。

ビラアウトドローモは強制退去の対象になり、市の職員が毎日やってきてコミュニティを分断するようなことを行ってきました。このビラアウトドローモの強制退去に抗するキャンペーンには二つの目的がありました。一つは、日々の分断や脅迫に苦しんでいる住民たちを支援し連帯していこうということ。もう一つは、ビラアウトドローモで起きていることをどんどん可視化させていこうということです。国内だけでなく国際社会に向けても告発していこうとしました。海外のメディア、ジャーナリストを招いて、現場の実態を見てもらおうという公開会見を行いました。

ビラアウトドローモの抵抗はシンボリックな運動となり、お手本となりました。他のコミュニティからも連帯に駆けつけて自分たちの垂れ幕を掲げるなど、それぞれのコミュニティが心を結びあおうとしました。別のコミュニティ「ベラユニオンクリシーダ」の住民たちがビラアウトドローモに行って抵抗運動を学び、それを自分たちのコミュニティで実践するということもありました。

ビラアウトドローモには写真家やアーティストも多数訪れるようになり、住民一人一人に名前があることを世に知らしめるため写真を撮ったり、アーティストが文化イベントを行ったりしました。

マラカナン競技場キャンペーン

私たちが行ったもう一つの大きなキャンペーンはマラカナン競技場での運動です。この歴史あるマラカナン競技場は、公共のため民衆のための場所だったのですが、オリンピックに向けて改装され、民営化され、大衆が排除される方向になったため、これに抵抗する運動を行いました。

このキャンペーンの成果のひとつとして、これまで社会運動に関心がなかったサッカー応援団の人たちを社会運動に取りこむことができました。一四年のワールドカップの開会式ではサポーターの人たちが、私たち民衆委員会の使っていたスローガンを横断幕に掲げる風景もみられたのです。

また公共討論会も開催され、様々な意見を出しあいました。マラカナン競技場は単なるサッカー場ではなく、周辺の貧困地域への社会福祉的な活動の場でもあって、子どもたちへの教育活動なども行われていましたが、改装工事のためにそうした場所はすべてとり壊されてしまいました。そこで活動していた教育者の女性が涙ながらに語り、基礎教育（日本の義務教育にあたる）の学校の先生は、彼が働いていた教室も壊されてしまったと訴えました。

またスポーツ選手たちが自由に使えていた練習場なども壊されてしまいました。サッカーチームのサポーターの男性は、社会的な活動の場としても大事だった施設が、ただの商業施設になってしまったと訴えました。また競技場の近くに先住民が占拠している場所もあったのですが、彼らのコミュニティも追い出されてしまいました。

報告書「メガイベントと人権侵害」

この私たちの運動の成果として、「ブラジルにおけるメガイベントと人権侵害」という報告書を発行しました。最初はワールドカップについての報告書で、その次の報告書はリオに特化したものでした。各章ごとに関連する専門家や団体がそれぞれ分担して書き上げたものです。たとえば居住に関する権利、強制退去の問題。都市の公共交通機関の問題――メガイベントのために公共交通に莫大な投資がされましたが、郊外の貧困地域への恩恵はほとんどなく、都心の観光地に便宜を図る性格が強かったと思います。またスポーツイベントのためにたくさんの施設が作られましたが、残された施設は誰のためのものなのか、ごく一部の人たちの施設だったのではないか。スポーツの民主化への問いかけも行いました。

またオリンピックの建設現場では多くの非正規労働者が働きましたので、その権利の問題も問いかけました。施設の建設によって多くの環境破壊が行われたことや、貧困層を敵視する暴力的な警察の対応も問題にしました。ジェンダーの問題に対して当事者が主体的に参画できているのか。オリンピックの予算がどうなっているのか、情報へのアクセスが担保されているのかも問いかけました。

私たちは、こうした運動がきちんと多くの人たちに伝わるように、毎週、路上でニュースレターの配布も行いました。市内全域に配布することはできませんでしたが、市内中心部や強制退去で影響を受けるコミュニティに重点的に配布しました。

コミュニティとの連携を模索する

民衆委員会は週一回、定期的な会合を行ってきましたが、最初のうちは、問題が起きている現場に入りこみ、コミュニティと密接に連携して運動を進めることに困難を覚えました。というのも毎週のミーティングはリオの中心部で行っていたのですが、強制退去の対象になったコミュニティは街はずれにあったので、コミュニティのリーダーが集まってくるのは困難だったからです。これを解決するために、通常のミーティングとは別にテーマを絞りこみ、当事者のところに出向くこともしました。

たとえば岩山の斜面にあるファベーラ「サンタマリタ」では、その頂上に集ってミーティングをしました。またリオの北はずれの巨大ファベーラ「マレー」は軍警察の銃撃戦で苦しんでいたのでそこに出向いたり、セックスワークに就いている女性やトランスジェンダーの人たちのところに出向いたりしました。

また民衆サッカー大会と称してコミュニティベースでの競技も行いました。単に点数を競うのではなく、人々が楽しみ気持ちを一つにしていくことこそがスポーツだ、と訴える目的の大会でした。

社会からなかなか見えない深刻な問題を可視化していくことにも力を注ぎました。二〇一三年は、ブラジル全国各地で市民が路上に繰り出し、自然発生的なデモが頻発した年でした。こうした機運に乗って私たちも路上に出て、メガイベントのための公的資金投資の問題を問いなおす運動を可視化していきました。市長の官舎前でも抵抗行動を行い、メガイベントの名目で市が行っていることを告発する立て看板を作りました。

開催前夜、開催中の運動

オリンピック開催前夜のイベントとして、「排除のゲーム、オリンピックに対抗する」というイベントを行いました。このイベントの目的は、一つは告発すること。もう一つは、これまで一緒に闘ってきた様々な運動体がさらに気持ちを一つにして統一していくことでした。

オリンピック前夜には、資料や、強制退去が行われている場所を示した地図を準備しました。市内の壁に「排除のゲーム２０１６」「オリンピックの悲劇」とペイントするなど、オリンピックの期間中も抗議行動を行いました。

こうして私たちの様々な運動体が統一行動を行っていけたのは、影響を受けたコミュニティの当事者たちの参加があったからであり、オリンピックに対する対抗言論を実現できたからだと思います。政府のようにファベーラを強制退去させるのではなく、残したうえでの代替案を示したのです。

（二〇一七年三月三日、千駄ヶ谷区民会館）

東京五輪と神宮「再開発」

新国立競技場問題の何が問題なのか？——神宮外苑の再開発地区を歩く

渥美昌純

私は、「東京にオリンピックはいらないネット」という市民団体で二〇一六年東京オリンピック反対運動をしていました。それと比較すると、神宮外苑地区の何が問題なのかがわかると思っています。

オリンピック固有の問題

オリンピック固有の問題からお話しします。

なぜオリンピックで住民の追い出しや環境破壊が発生するかと言えば、ＩＯＣによって厳しい財政保証が求められるからです。厳しい財政保証をクリアできるのは大都市。大都市には巨大施設をつくれるような場所はありません。そこに巨大施設をつくろうとすれば必然的に住民の追い出しや環境破壊が発生するというわけです。

これはオリンピックの構造上の問題で、改善することは不可能だと私は考えています。現に二〇二〇東京オリンピックでも住民の追い出しや環境破壊が発生しました。この典型例が神宮「再開発」です。次からは神宮外苑地特有の問題について説明します。

そもそも二〇一六年オリンピック招致のメインスタジアムは晴海

そもそも二〇一六年東京オリンピックのメインスタジアムは、神宮外苑（霞ヶ丘）ではなく晴海でした。その理由は敷地面積や各種法規制が厳しいからです。招致委員会の二〇一〇年出版の『二〇一六年オリンピック・パラリンピック競技大会招致活動報告書』はこうです。

「晴海、霞ヶ丘の両地区について、敷地面積、各種法規制、交通アクセス、後利用等の観点から検討したところ、平成一九（二〇〇七）年四月までに、霞ヶ丘地区でのオリンピックスタジアム整備は困難との結論に達した。この結果は同年五月二二日、招致委員会理事会に諮り、オリンピックスタジアムを晴海地区に建設する計画とすることを決定した上、発表した」

一六年はダメなものが二〇年に大丈夫。そこにカラクリがある、と考えてこの問題に取り組みました。

国立競技場の近隣の様子、各種法規制とは？

図1の地図で、国立霞ヶ丘競技場はいま壊されており、ＪＳＣ（独立行政法人日本スポーツ振興センター）の土地ですが、これだけでは新国立競技場は作れません。そこでそのすぐ下の部分までメインスタジアム敷地にします。左の明治公園は都立、右の日本青年館は財務省所有ですが、それらもメインスタジアムの敷地になります。建物を作るなら自分の敷地内に収めるのが普通ですが、ＪＳＣはオリンピックのために八万人規模のスタジアムを作ることを大命題に敷地を拡げるわけです。

こうして明治公園がなくなると、既存の公園面積を減少できないという規定にふれるので、隣接する都営住宅（霞ヶ丘アパート）の敷地を公園に充てて減った分を補い、それでも足りない分は人工地盤を作って面積上の辻褄を合わせます。

国立競技場周辺は第一種文教地区ですので、観覧場などは作ってはいけないことになっていますが、すでにあるものは該当せずと例外規定を使って大丈夫としました。第二種風致地区の規制もかかっていて、建物の高さは一五メートルまで。ほかに都市計画公園緑地、用途指定などの規制もかかっていますが緩和して、高さ制限も変えていきます。

オリンピックを開催するために新国立競技場建設用地を拡大する。そのため明治公園を自分の敷地にすると明治公園の面積が減るから隣接の都営住宅を公園にする。アパートの住民は追い出され、都営住宅には空きがないので三箇所に分散。これらはすべて神宮外苑地区へのスタジアム建設を強行したことが原因です。

敷地面積を増やし、各種法的規制を緩和するために行ったことは

前回オリンピック招致に失敗した二〇〇九年から現在まで大きく四期に分けて紹介します。

▼第一期　ラグビーW杯招致成功を口実にした神宮再開発＋オリンピック招致（二〇〇九〜一一年）

二〇一一年二月一五日に『国立霞ヶ丘競技場の八万人規模ナショナルスタジアムへの再整備等に向けて（決議）』が出ます。中身は外苑地区の都市計画とスポーツ施設再整備です。国立競技場の観客は六万人弱でしたので、八万人の競技場にするには再開発が必要、というわけです。オリンピック招致決定前から神宮外苑地区の都市計画とスポーツ施設の再整備の構想がありました。この中心人物は五輪組織委員会会長の森喜朗氏です。

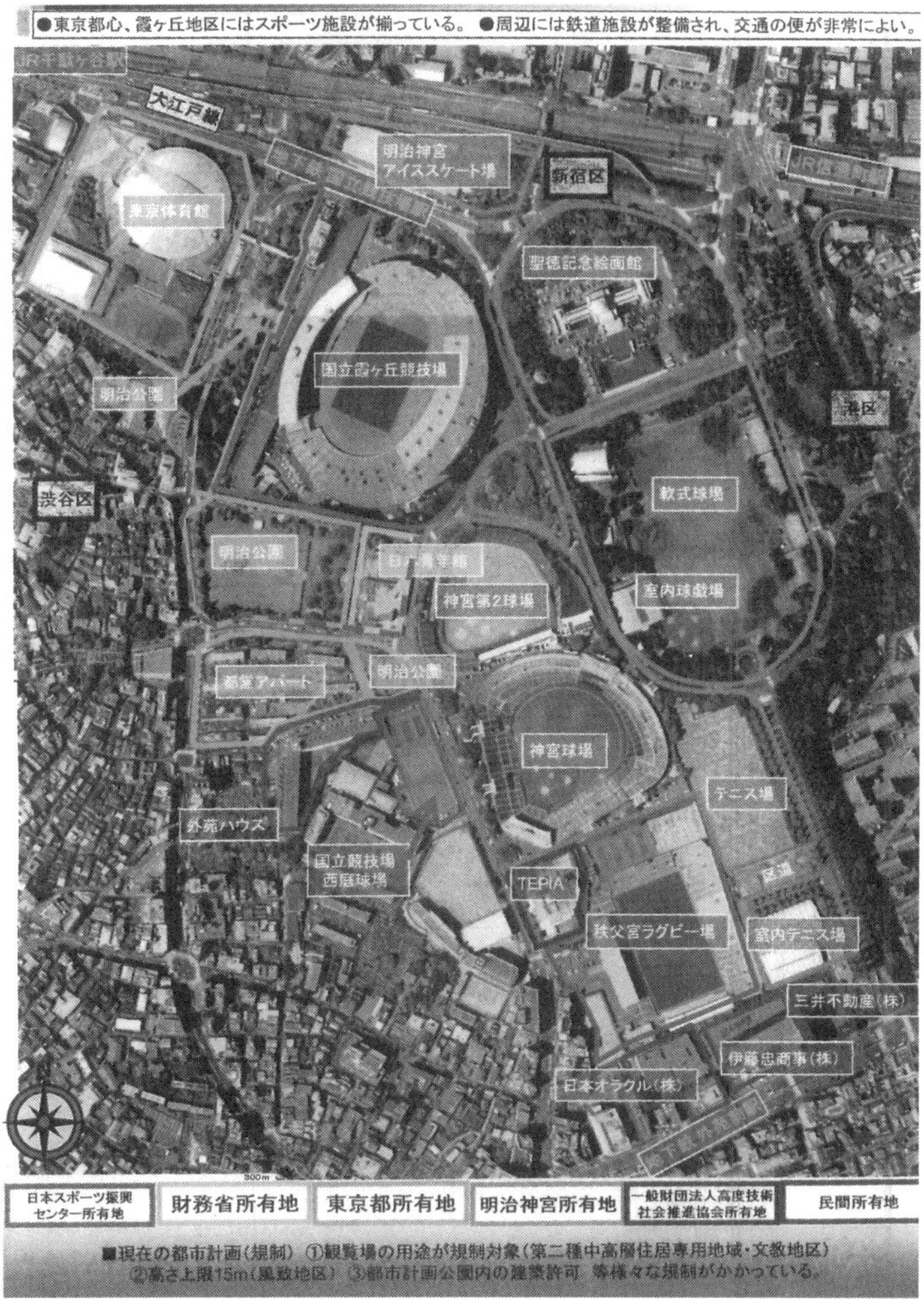

図1　国立霞ヶ丘競技場周辺地図
（2014 年、渋谷区議会 五輪・パラリンピック対策特別委員会資料）

そして国立競技場の将来構想を審議するために作られた国立競技場将来構想の第一回有識者会議が一二年三月六日に開催されます。

ここで当時ＪＳＣ理事長で日本ラグビーフットボール協会理事の河野一郎氏が発言しています。「規模については、八万人規模をスタートラインに」。「八万人規模となると、左側の明治公園、右側の明治公園、青年館までが建築敷地となる」。自分たちの所有地だけではできないことが当初からわかっていたのです。

そして一二年八月二六日、東京都は早くも都立霞ヶ丘アパートへの住民説明会を行います。当時はオリンピック開催都市決定前なので、ラグビーワールドカップのため建て替えが決定し敷地をこのアパートまで拡げなくてはならなくなり、移転が必要になりましたと説明されました。今後検討するはずの新国立競技場についてすでに決定したかのような書き方で、住民を不安がらせ引っ越しをする人も出るなど、まるで騙し討ちのようなことをやっています。

明治公園の敷地を提供しなければ、新国立競技場の建設ができません。東京都は理解しており、条件をつけようと、一二年一二月二八日にＪＳＣに出したのが『神宮外苑地区地区計画の決定における提案企画書の提出に係る神宮外苑地区地区内の地権者の同意について（回答）』です。新国立建設用地として使う場合は有料としたのですが、後に結局は無料で貸すことになりました。

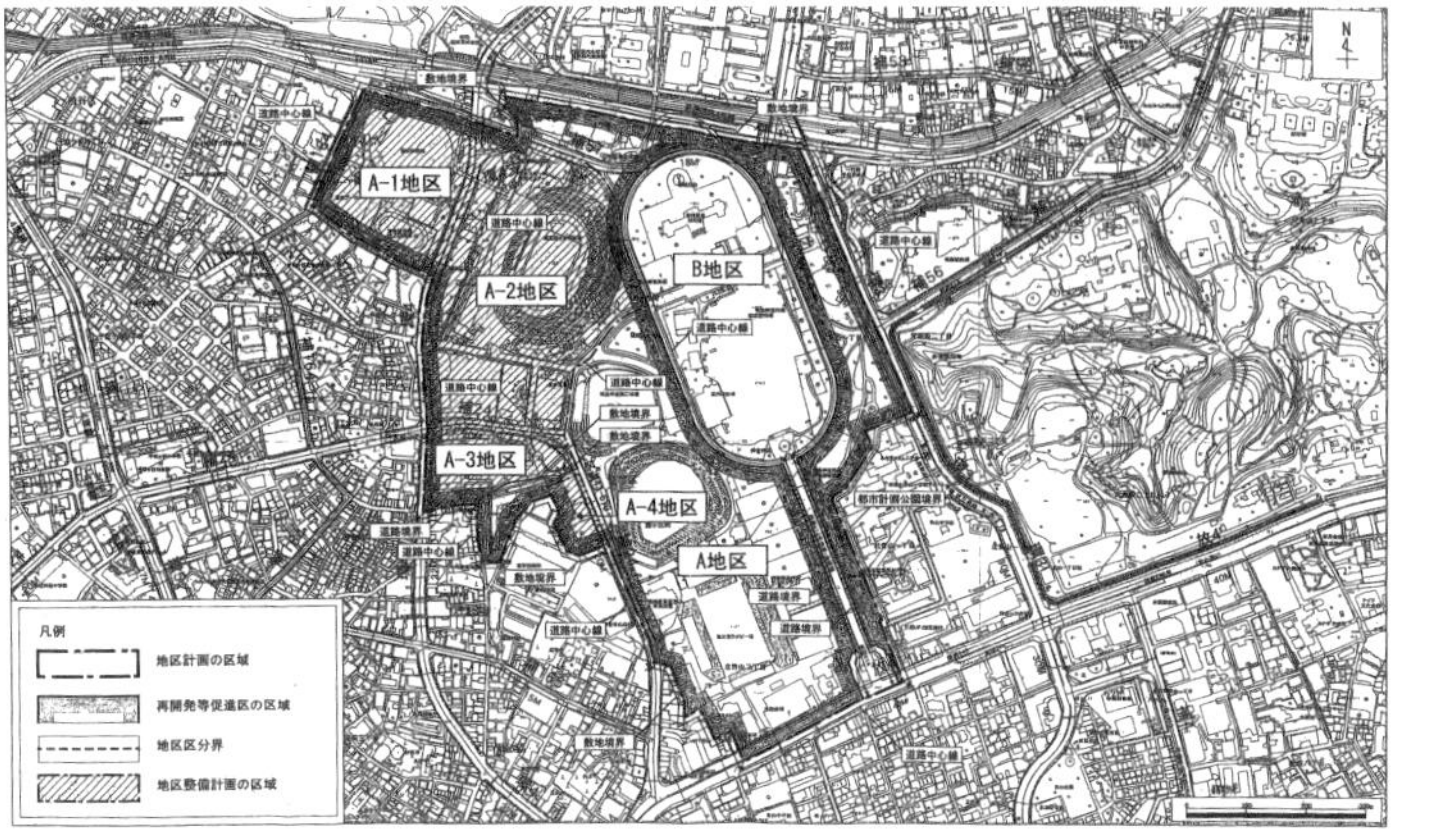

図２　東京都市計画地区計画 神宮外苑地区地区計画 計画図１
（2013 年、神宮外苑地区地区計画の都市計画審議会で提出）

▼第二期　オリンピックとリンクさせずに神宮再開発のために法的規制緩和（二〇一二〜一三年）

第二期は、敷地面積を拡げる企みの後半部分にあたります。

都は二〇一三年一月七日にオリンピック招致のための立候補ファイルを提出して、九月にオリンピック開催が決定しました。重要なのは、招致決定前の六月一七日の東京都による神宮外苑地区の地区計画変更決定です。**図2**「計画図1」はこの問題を考える際の基本資料です。新国立競技場を作る目的だけなら国立競技場と明治公園と都立霞ヶ丘アパートの部分だけを都市計画変更すれば足りるのに、東京体育館周辺から、霞ヶ丘団地交差点から外苑ハウスにそってスタジアム通りに。スタジアム通りを外苑前交差点まで。外苑前交差点から青山二丁目交差点。いちょう並木にそって権太原交差点。権太原交差点から信濃町駅。信濃町駅から外苑橋交差点という広範囲を地区計画の区域と定め、再開発促進区としました。そして東京都体育館周辺のA-1地区（高さ三〇メートル）、国立競技場と都立明治公園のA-2地区（高さ七五メートル）、都立霞ヶ丘アパートと外苑ハウスのA-3地区（高さはそのまま）、外苑テニスコートのA-4地区（高さ八〇メートル）と細かく区分けします。これには目的があり、なぜこうしたのかは後にはっきりします。

こういう都市計画の変更決定後にオリンピック開催都市が東京都に決定します。八月に建築家の槇文彦氏がおかしいと批判し、一〇月には森まゆみさんたちの「神宮外苑と国立競技場を未来へ手わたす会」が起ち上がります。とはいえ槇さんは建築や景観保護が、「手わたす会」は建物への批判が主軸で、都市計画への批判はメインではありませんでした。

▼第三期　代替案握りつぶしによる解体工事策動と新国立競技場問題を建築問題に矮小化し建築を進める（二〇一四〜一五）

中心的な議題にはなりませんでしたが国立競技場を耐震改修して使う計画もありました。そのとき作られたのが久米設計による耐震改修基本計画です。二〇一六年五輪招致に反対していた当時、メインスタジアムは晴海案だったので情報公開請求をしませんでしたが、二〇二〇年メインスタジアムが神宮外苑になりましたので、当時の計画はどうなったかと、ＪＳＣに情報公開請求をしました。まず「日本スポーツセンターが、国立競技場の耐震等について、久米設計に委託した調査（二〇一〇年度）の結果がわかる文書」として請求しました。出てきたのは『国立霞ヶ丘競技場陸上競技場耐震改修基本計画（抜粋版）』。「結果がわかる文書」の請求で概要版公開では目的が果たせません。再度、全文を請求しました。当初の公開予定日時は解体工事の着手前です。

ところが国立競技場の解体工事入札状況に不正があったとして解体工事が遅れ、それに合わせるように私の請求した文書の開示も勝手に延期されて、結局私が入手できたのは解体工事着手後です。解体工事の後に久米設計の耐震改修基本計画が明らかになって、耐震補強工事で大丈夫、都市計画を大幅に変更しなくても建設できるという意見があることが明らかになっても手遅れという作戦をＪＳＣは使っているとしか思えません。こういうやり方はあまりにも不当です。

そこで、私は開示引き延ばしの不当性について解体工事説明会でＪＳＣに対して直接質問し、「神宮外苑と国立競技場を未来へ手わたす会」のシンポジウムの際にはシンポジストの一人としてＪＳＣの不当なやり方に対し資料を使って説明しました。ところが記者はたくさんいましたが確認取材すらありません。

また霞ヶ丘地区は、住生活基本法に基づく住生活基本計画（都道府県計画）の意味づけもある東京都住宅スタートプランで公営住宅建替事業に指定されていました。都営霞ヶ丘アパートを建て替えるのではなく取り壊して公園にするなら、その是非が議論の対象になるはずですが、そんなことはぬきです。二〇一四年一一月『最終移転について』で、東京都は霞ヶ丘アパート住民に対し、移転先として神宮前、新宿若松町、百人町の三箇所を示しました。住民は地域コミュニティを破壊され現在地に二度と戻れません。一五年四月一五日に東京都がアパート住民に対して出した『移転説明会開催のお知らせ』では、建替等に伴う家賃の減額は通常の都営住宅建替と同様で、オリンピックのためという特殊性は考慮されません。こういう姿勢がオリンピックの本質なのでしょう。

先ほど話したように槇さんたちが頑張って、新国立競技場の当初案である「ザハ・ハディド案」には無理があることが明らかになり政府も認めます。下村文部科学大臣が、ザハ案は良くないのではないかと言ったのが一五年の六月二九日。七月一七日、安倍首相が新国立競技場整備計画の再検討を表明しました。

その間、東京都は、文教地区規制を緩和するため六月二九日に建築審議会を開催し「当該地区計画の区域における業務の利便の増進上やむを得ないと認めて許可したい」と述べました。国でザハ案でのメインスタジアムはまずいという話が出ているのに、東京都はこの当初案を推し進めようと決める体たらくです。

そして八月四日の参議院文教科学委員会での遠藤担当大臣答弁では、ザハ案の中止を受けてそれに基づく都市計画も変更するかとの質問に対し、見直しは新国立競技場だけで都市計画はそのままと表明しました。だから神宮外苑地区の再開発については何も変化していません。

▼第四期　新国立競技場周辺の神宮外苑再開発に手を伸ばす（二〇一五年後半〜）

これが顕在化するのがこの時期です。**図2**のA－3地区とA－4地区に挟まれた部分が具体化して**図3**の整備イメージ図になります。建物で言えば外苑ハウスと日本体育協会・JOC新会館の部分です。まずは再開発促進区の対象にしておいて、後から具体化することで全体像をつかみにくくする。

同時並行的に、都立代々木公園にある日体協（公益財団法人日本体育協会）の岸体育館（岸記念体育会館）についても検討されています。二〇一五年八月二四日、東京都のオリンピック・パラリンピック準備局から都市整備局に対して、代々木公園の隣にある岸体育館の部分を大会運営用地に使えないかという依頼文書が出ています（『代々木競技場の隣接地における大会運営用地の確保に関する検討について（依頼）』）。そして九月二八日、都市整備局から『都市計画公園代々木公園の事業化について（協議）』という文書が出ます。代々木公園と岸体育館は道路で隔てられているのに、東京都は一体化して公園にすることを決めました。

ここで外苑ハウス問題が本格的に動きます。東京都が日体協の岸体育館を優先整備区域として買収することになりましたので、日体協の移転先が必要になり、都立明治公園こもれびテラス、外苑ハウス、ＪＳＣの旧テニスコートの三つにまたがる形で施設を建築することが決まり、いま建設中です（**図3**「整備イメージ図」参照）。民間の外苑ハウスの一部が土地の真ん中になりますので、この部分を東京都の土地にして、外苑ハウスの面積が減った分については、容積率・高さ制限を緩め超高層ビルを建てることで資産価値のマイナスをなくします。

外苑ハウスの人たちは、出口が二箇所あったのにスタジアム通りに抜けられなくなるという不便の代わりに、高い建物が建てられるというメリットもあります。それなのに道路を挟んだ隣の都営霞ヶ丘団地の住民は、他の土地へ引っ越しさせられ、二度と住めません。

一五年一二月二二日、日体協が東京都に対して『新宿区霞ヶ丘町付近への移転について』という要望書を出します。東京都が区画整備をすることを知って、自分たちに土地を売ってくれという要望で、一六年一月七日に了承されます。一月一四日、日本青年館・ＪＳＣと日本体育協会・ＪＯＣが「基本協定書」を締結します。日体協が東京都とＪＳＣの土地にまたがるように建物を作りますので、ＪＳＣにかかる部分を有料にするかどうかが話し合われています。

いっぽうＪＳＣが国立競技場を作るために明治公園を使うときは東京都に金を支払っていません。損をしているのは東京都、つまり都民です。最初は有料という話でしたのに、一六年一月二六日の東京都公有財産運用委員会で「土地の一時貸付及び無償貸付について」が可決され、オリンピック期間まで無償貸与が決まりました。「オリンピックが終わったあとは金を取れるのか？」と都の職員に聞きますと、「取るように頑張ります」と答えるのみでした。

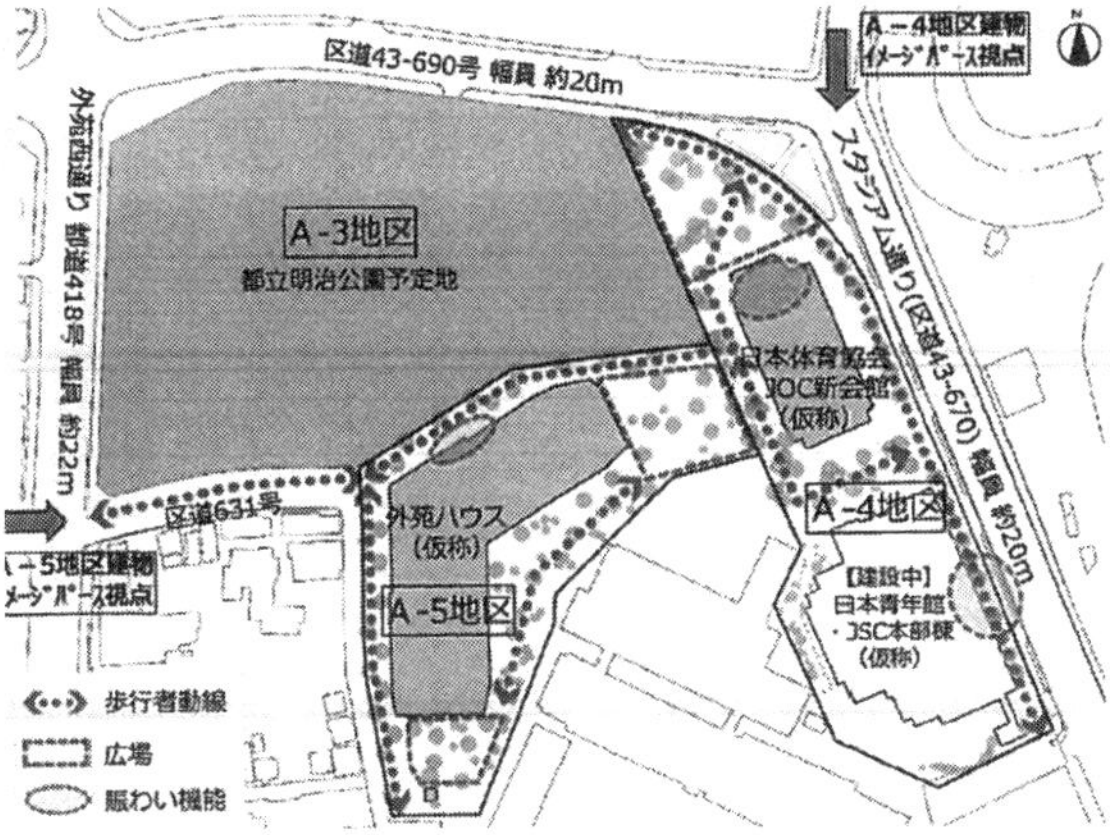

図３　整備イメージ図（2016年４月18日、東京都住民説明会資料『神宮外苑地区地区計画 A-4 地区、A-5 地区における整備計画（案）の概要について』）

外苑ハウス部分の新たな高さ制限を決めました。旧都立霞ヶ丘アパートは公園だから高さはそのままでいいですが、外苑ハウスの部分は新たに建設するので高さ制限を八〇メートルに変更。日本青年館部分（旧国立競技場西庭球場）も八〇メートル、その北の旧明治公園の部分（こもれびテラス）も八〇メートルに変更。建物を建てたいところは高さを上げて、公園部分は上げません。私のところに取材に来た記者も、これはおかしいと言うのですが、記事にはなりません。

結局、巨大建物が三つ建ちます。完成した日本青年館は高さ七二メートル、地上一六階、地下二階、駐車場九二台分。建設中の日体協（一九年五月完成）は高さ六〇メートル、地上一四階、地下一階、駐車場四六台。外苑ハウスは住宅だから高さ八〇メートル、地上二二階、地下二階、駐車場一八〇台。イベントの時は歩行者でいっぱいな所に多くの車を通して大丈夫なのでしょうか。地域状況より再開発を優先するのでしょう。それから、明治神宮アイススケート場の東。ここは高さ三〇メートルですので、そのままでは五〇メートルのホテルを作れません。そこでこの部分をA-6地区に変更し高さ制限を緩和。神宮アイススケート場に隣接したフットサル場を解体し、その跡地に高さ五〇メートル、地上一三階建ての神宮外苑ホテルを建設中です。

なぜ条件が悪いにもかかわらず神宮外苑地区にメインスタジアムを建設しようとするのか?

森喜朗氏やJSC、周辺の事業者にとっては、二〇一六年五輪招致の晴海案ではメリットがありません。晴海周辺は都有地ばかりなので彼らには得が少ない。しかし神宮外苑でやると再開発で得をします。だから面積の制約や法規制がある神宮外苑地区にメインスタジアムを建設。そのために法規制を緩和しようとしたのでしょう。その狙いは成功したと言えます。

今後の問題は?

現在進行中の問題は、都立明治公園こもれびテラスの部分に日体協のビルを建設する問題です。この土地はいくらになるでしょう。代々木公園近くの日体協敷地と、新しく建設する神宮外苑敷地は、面積も土地の価値も違い単なる交換ではすまないでしょうから、その調整がどうなるのか。
新国立競技場のサブトラックをどこに作るかという問題もあります。可能性が高いのは東京体育館の南の部分です。軟式野球場のあたりも候補地ですが、いちょう並木と絵画館があり、緑豊かな風格ある都市景観を保全する「B地区」（図2参照）に指定されており、そこにサブトラックを作ることに対して反対や危惧の声がおきることを少しだけ期待しています。

（二〇一七年五月二七日、神宮外苑フィールドワーク後に渋谷区の穏田区民会館で講演）

追記（渥美昌純）

神宮外苑地区はフィールドワークから状況が変化しています。
第二期の「オリンピックとリンクさせずに神宮再開発のために法的規制緩和」の時期については、二〇一八年になって、日本共産党都議団の調査によって、当時の東京都副知事や都市整備局の幹部が、森喜朗元首相や萩生田光一現自民党幹事長代行など有力者と面談を繰り返し、根回しをしていたことが具体的な文書で明らかになりました。
https://www.jcptogidan.gr.jp/wp-content/uploads/2018/03/46eb3c15fd6942a30224473d296f0e5.pdf
また、神宮第二球場、神宮球場、秩父宮ラグビー場、伊藤忠東京本社ビルの周辺に関しては、二〇一九年四月に「(仮称）神宮外苑地区市街地再開発事業」と副題の付いた『環境影響評価調査計画書』が事業者の三井不動産株式会社から東京都に提出されました。それによると現秩父宮ラグビー場のスタジアム通りには高さ約一八五メートルのオフィス及び商業施設の複合棟Aが、南側の二四六号沿いには高さ約一九〇メートルのオフィス及び商業施設の事務所棟などが、作られる計画です。

このように計画が具体化するたびに、オリンピック招致に成功する前の時点で、メインスタジアム建設のために必要でない部分まで地区計画を定め、再開発促進区域にした狙いが明らかになっていきます。

パラリンピックがもたらすもの

学校現場でのオリパラ教育

増田らな

私がオリパラ（オリンピック・パラリンピック）に反対している根本的な理由は、スポーツが本質的に優生思想をはらんでいるということです。私は税金をスポーツ大会に費やされることに反対です。スポーツが苦手だったり嫌いだったり関心がなかったりする人びと、とりわけ子どもたちとつながっていきたいと思っています。

オリパラ学習ノート

東京都教育委員会は二〇一六年の九月に「東京２０２０オリンピック・パラリンピック学習ノート」を小学校四年生以上の児童・生徒に配布しました。目下、これが学校現場でいちばん「活用」されているようです。

「このノートはみなさんがオリンピック・パラリンピックに関する学習や調べたことなどを書き残すノートです。開催までの四年間の思い出をつづり、あなただけのノートを作り上げてください」というメッセージは、二〇〇二年の道徳の副教材「心のノート」を想起させます。

日本代表選手四人の代表選手メッセージのあとに「東京２０２０オリパラ大会までの目標」というページがあって、一人一人に記入させる欄が大きく取られています。その下には、かかわり方のヒントとして「ボランティア活動」「スポーツに親しむ」「世界各国の人と触れ合う」「障害のある人と助け合う」「日本文化や東京都の良さを知る」「ゴミのないきれいな東京」などがあげられています。

別のページでは二〇一九、一八、一七年の目標——二〇二〇年大会へのかかわり方を踏まえながらいまから取り組みたいこと——まで書かせるようになっています。そのかかわり方のヒントとして、学校でオリンピックを調べる学習のほか、地域のスポーツイベントへの参加やボランティア活動など、学校外で一個人として参加していることまで記入するように勧められています。

ノートはこんなふうに使う

私の勤務する学校は障害児学校です。障害が比較的軽いグループの生徒が職業学習の授業のなかで、このオリパラノートにビニールカバーをかけるという仕事をさせられていました。学年主任がこのノートを活用するようにと会議や打ち合わせの場で何度も言っていました。

ここ数年、一年生の校外学習は「施設の見学や体験活動を通してオリパラについて知る」というねらいが掲げられています。オリパラ・TOPスポンサーであるパナソニックの施設を訪れ、オリパラ展示コーナーの表彰台に上がり、月桂冠とメダルをつけて記念写真を撮り、事後学習の時間にノートに貼る、という段取りです。

器楽部が地域の老人会で演奏するとき、主任から「ノートを必ず持たせてください」としつこく念押しされて、しかたなく部員の生徒に持たせました。ノートを渡しながら「演奏とオリンピックって何か関係あるの？」と聞くと、生徒は「ない」と即答しました。

オリパラ授業の実際

二〇一六年度の初めに都教委から、副読本の「オリンピック・パラリンピック学習読本」が配布されましたが、クラスや学習グループによって使っているところと使っていないところがあるようです。「Welcome to TOKYO」という英語の補助教材は小、中、高校生用がありま す。東京の名所や日本の伝統文化や先端技術などを英語で来日外国人に案内し、クールジャパンを宣伝させるためのものです。

東京都教職員研修センターで、小学校での実践紹介がありました。自分の考えを明確に文章表現することを狙った授業で、東京五輪のために取り組みたい課題を子どもたちに考えさせる。「外国人観光客が困らないように英語の表示を増やすとよいのでは」という子どもの作文が紹介されていました。このようにして、子どもの活動や意見をすべてオリンピックに収斂させていく。身近なところに在日外国人が生活している事実は、なおざりにされたままです。

オリパラ教育でなされている主な授業は、ボッチャやブラインドサッカーなど身体障害者のスポーツの体験。一部の学習グループでは、五輪競技などについての調べ学習。全校集会では生徒会がオリパラ・クイズ大会を主催しました。

世界ともだちプロジェクト

私の勤務校では「世界ともだちプロジェクト」の主要な取り組みのひとつとして、都教委が作成した「国割表」の中から校長が選んだ五つの国と重点的に交流せよ、という指示が下りてきました。給食ではその五カ国や五輪開催国にちなんだメニューを月一回ずつ食べることになっています。二〇一六年はリオ五輪だったのでブラジルの豆料理が、一七年度は一九六八年のオリンピック開催国メキシコの料理が出ました。生徒玄関の近くのオリパラ・コーナーに、「世界ともだちプロジェクト」対象国の小さな魚と、日本の金魚の水槽が並んでいます。また子どもたちが制作した「世界ともだちプロジェクト」対象国の国旗が教室の一角に飾られています。

勤務校では地域の人の目に触れるところに大きな「東京オリンピック・パラリンピックまであと何日」のカウントダウンの表が掲示されています。生徒会の仕事の中には「カウントダウン当番」があって、生徒会役員が順番で日にちを変える作業をさせられています。

渋谷区公認オリパラ推進教育では、小学校の児童たちから日本代表選手へ、世界で一つだけの笑顔のメダル・表彰状をつくって贈ろうというイベントがあったそうです。風呂敷の使い方を日本の伝統文化の一環として学習する小学校もあるようです。教育雑誌でもオリパラ特集が組まれています。聾学校関連のブログには、生徒が作った「リオ五輪　マリオでつなぐ東京へ」「日本の底力をなめるなよ」という川柳作品が載っていました。

反対意見を言うと校長から恫喝

二〇一七年三月に、東京オリンピック・パラリンピック・フラッグツアーという、オリンピック・パラリンピック旗が都内を回るイベントがありました。座席八〇〇のうち六〇〇が動員でした。ほとんどが地域のスポーツ団体の人たちで、小学生は希望者、中学校はボランティア部や生徒会関係の子どもたち、そして勤務校の生徒会役員が担当教員に引率されて動員されていました。

前任校にいた頃、人事考課の面接でオリンピック反対の意見を出したところ、校長から、東京都から給料をもらっているのに反対するとはとんでもないと言われました。全校職員の会議でもオリパラ教育推進に反対する意見を述べると、そのあと教室に一人でいるところへ校長が乗りこんできて、発言の真意を聞きたいと迫られました。

現任校では、「ＯＫＯＴＯＷＡＲＩ！ ＴＯＫＹＯ２０２０」というＴシャツを着て出勤したところ、校長に呼ばれ、生徒が混乱するので困ると言われました。校長は、オリパラに疑念をもたせるような授業をしたら、授業から外して他の先生に代わってもらうと恫喝をかけてきました。

同僚は上から言われるがままに、オリパラ教育のノルマをこなしています。夏休みには校内研修会があって、各学年からオリパラ教育の取り組みが発表されます。子どもたちは多様な意見を聞いて自分の考えを築いていくべきなのに、オリパラ教育は、根っこから学びを破壊するものだといわざるをえません。

パラリンピックは障害者差別を助長する

北村小夜

いままでさまざまなことをしてきましたが、肩書きはみんなお返しして、一つだけ残っているのが「障害児を普通学校へ・全国連絡会」という組織です。障害者差別はまだ厳然としてあります。障害児が普通学校には行きにくいから特別支援学校に行って、教室が足りないなどといわれていますが、足りないのは支援学校ではなくて、普通学校や地域の包容力です。その延長線上でパラリンピックも考えてみたいと思います。

使われる選手たち

いまパラリンピックが注目されています。どこから見ても使いやすいものなのでしょう。パラリンピックの選手たちは日の丸を揚げてくれ、君が代を歌ってくれます。応援する企業も増えています。経済効果が期待できるからでしょう。ボランティアも増え、制度も整ってきました。パラリンピックの報道はかつて社会面でしたが、近ごろはスポーツ欄に登場するようになってきました。厚労省ではなく文科省のスポーツ庁が管理することになったことにもよると思います。

こうして障害者の権利状況がよくなってきたといわれます。でも本当にそうなのでしょうか。障害者の権利条約が批准《ひじゅん》され、障害者差別解消法も成立しましたが、差別があるからこそ差別解消法が必要なのではないでしょうか。

なくならない差別

私が育ったころ、障害者は「ごくつぶし」といわれていました。戦争に行けないのは「非国民」とされ、食糧の配分も差別されていました。そのことをだれも不思議に思わなかった。それはいまもなくなっていないと思います。障害をもつ子どもが障害者の学校に行けていいといわれますが、「あそこに行かなければならない子ども」という差別はあります。

そのなかでパラリンピックの選手だけが輝かしい光を浴びていますが、それは本物でしょうか。パラリンピックは、誰もが障害者に対してもつ、あわれみの心、後ろめたい思いをくすぐってくれる。だから献金もするし、ボランティアもするし、応援もするということなのだと思います。

「障害者なのによく頑張っている」という言い方も、相変わらずされます。頑張れない障害者、重度の障害者に向かって、「あんなに頑張っていますよ」と言うのです。

パラリンピックは戦争から始まった

パラリンピックの歴史は戦争から始まりました。第二次世界大戦で連合軍がノルマンディ上陸作戦を考えたとき、障害者、脊髄損傷者がたくさん出るにちがいないので、ロンドン郊外のストークマンデビル病院に脊髄損傷科を用意しました。そこでその回復が容易でないことを知っている所長のルートヴィヒ・グットマンは「残存」能力の強化訓練に努め、その手段としてスポーツを取り入れました。スポーツで競争することによってリハビリの効果が高くなる。このときの資料が残っていて、病院に送られた人のうち八〇パーセントが職場復帰したといいます。

しかし残りの二〇パーセントの資料はみつかりません。本当に障害者対策を講じるなら、いちばんしんどい人たちのことがわからなければいけないと思うのですが、その二〇パーセントがどうなったかには、まったく触れられていない。障害を抱えながら車椅子で職場に復帰した人は歓迎されたでしょうが、歓迎されないで病院に残った人がいたということです。

いっぽうそこで効果があった八〇パーセントを対象に成果を発表する場が、パラリンピックとなります。そのなかのできる人がスポーツをやる。競争の続きをやっているわけです。

クラス分けという問題

パラリンピックも競技ですので、ドーピングなど、オリンピックのさまざまな問題がほとんど同様に存在します。シドニー・パラリンピックのときには、知的障害者のバスケットボールで選手一二人のうち一〇人が健常者だったことが判明し金メダルを剥奪されるということがありました。

パラリンピックでいちばんの問題はクラス分けです。公平にするには同じ程度の人と競技しなければならないので、かぎりなく分けるしかない。たとえば手がどこまであるかでクラスがちがう。だからメダルの数も多くて、オリンピックの倍くらいあるはずです。

クラス分けがすごく厳しくて、たとえば水泳では、面接をして、水の中に入れて、また面接して、といったことを繰り返し、障害はどのくらいかを判定する。判定をどう通過するかから戦いは始まっています。障害が重いことにしたほうが勝つチャンスがふえる。すでに分ける段階で競争がある。

それを機器がサポートするわけです。靴や着るものから、競技ごとにある。機器の優劣競争も国を挙げてやっています。そういうものがいくつもあったうえで競う。しかし競うことが必要なのでしょうか。メダルを獲得するためならば必要ですが、スポーツを楽しむならば、それをしなくてもいい楽しみ方を考える必要があると思います。

競争と排除

選手さがしにも、ものすごい競争があります。東京でも養成の対象者を募集しています。各地でも、スポンサーをつけて養成して送り出すまでをやるようなことが行われています。企業も懸命になっている。うちは選手をもっている、ということが看板になるからです。

そういう問題がたくさんあっても、パラリンピックをやっていくということは、国として非常に役に立つからだろうと思います。東京都の力の入れようも大変なものです。

東京都はオリンピック・パラリンピックで人権意識が高揚すると考えているようで、人権啓発センターが出している雑誌にも、オリンピックはいかに人権問題を克服してきたかが書いてありますが、その克服したぶんだけ差別をつくっていることにもなります。排除しているからこそそうなるのです。

女がオリンピックに参加できるようになったということは、どんな女でも参加できるということではなく、こんな女なら参加できるということです。障害者が参加できるようになっても、こんな障害者なら参加できる、これはできないという線引きがあります。取り上げられるものがあれば排除されるものが必ずあるわけで、そのつど差別を重ねてきている。その最終的なところが、いまのパラリンピックなのです。

道徳の教科書とオリパラ

そしてオリンピックやパラリンピックは道徳教育に利用されています。二〇一八年度に、まずは小学校から道徳が教科化されます。たとえば日本文教出版の道徳の教科書には、ノートが付いています。子どもは教科書を読んで、このノートに感想を書かされるのです。

第1課「スポーツの力」。義足の走り幅跳び選手である佐藤真海さんが、どのようにパラリンピックに参加するようになったかが書かれています。これを子どもが読まされて、書かされる課題が「佐藤さんの気持ちを考えよう」と。道徳の教科書は聞きっぱなしではなく、いっしょに考えるという作戦なのです。「『ほこりある生き方』について考えたことをまとめてみよう」。こんなことを子どもが書かされるのは、やはりヘンですよね。子どもに書かせるということは、教師の評価の資料になる。数値的な評価はしないが、文章で表現することになっています。

第9課「東京オリンピック　国旗にこめられた思い」は、一九六四年オリンピック参加国の国旗作りの話です。国旗・国歌の問題を直接には出さずに、それを幅広いところからみた感じで子どもに考えさせようというわけです。これはたちが悪い。日の丸がどうとはいわないまま、国家をどう考えるかということになってしまうのです。

質疑応答

――障害者の運動体で、オリパラ問題は議論されているのでしょうか。

北村 ＤＰＩ（Disabled Peoples' International）では、きちんとした見解は出していないのですが、私がその集会に出てパラリンピックについて質問したときに返ってきた答えは、「私たちとしても疑問をもって、どちらかといえば反対ですが、決まったものには反対できません」と。ものを言わない障害者の話はわかりませんが、ものを言っていく障害者の人たちからは、そういう答えしか返ってきませんでした。

全体的にいえば、差別されていた障害者もいっしょにやれるようになったのはいいことだ、というのが大勢です。差別を受けている状況のなかでは、なかなか考えられないことはあると思います。

たとえばむかしの女性は、いまとは比較にならないほど無権利状態でしたが、戦争が始まったとき、男がいなくなったので、いろいろな仕事が回ってくる。あのときの女たちは、やっと私たちも国のために役に立つと思い奮い立った。それと似たような状況が障害者たちに来ている段階だと思うのです。だから障害者にそれほどの立ち上がりを期待するのは無理かなと思いながら、いっぽうで、もうちょっとそそのかさなければいけないかなとも思っています。

――パラリンピックに知的障害者が入ったのはいつごろからで、なぜそうなったのでしょうか。

増田 一九九八年の長野のクロスカントリーで初めて知的障害者の競技が入りましたが、二〇〇〇年のシドニーで健常者を入れたチームが金メダルをとる不祥事が起きると知的障害の部門がなくなりました。一二年のロンドン五輪で知的障害者に閉ざされていた門戸が開かれて、陸上、卓球、水泳に出られるようになりましたが、冬季については、シドニーの事件の影響で知的障害の種目はないままのようです。

北村 障害者の参加できる種目をなるべく多く広げようといいながら、事件が起こるとまた制限します。それと、視覚障害や聴覚障害など、早くから自分たちのスポーツをやっている人たちがいる。それぞれの障害によって歴史をもっている部分があるのです。身体障害といったときに、体は自由に動かせる人と、体そのものに障害をもっている人たちをどうやって入れるのかも、ややこしい問題です。

――障害者と健常者の枠を取り払えという議論はないのでしょうか。

北村 何らかの形で合流ということも一部では考えられているでしょうけれど……。パラリンピックの記録がオリンピックよりもいい記録だったという例も出ています。

車いすの子どもが普通学級に行っているところでは、車いすが「かけっこ」で一番だったりします。すると一生懸命走っている子どもが文句を言う。Y君という子が、スタートで介助者にボンと押されると、あとは一生懸命にこいで一番になる。本人は一番だと言うのですが、誰も一番だとは認めない。そういう騒動がいっぱい起こるといいなと思っています。別なところでやっているのではなく、そこから始まっていかないといけないと思うのですが、そういう実績はぜんぜんありません。

――学校のなかで子どもを動員しようとする動きについて聞かせてください。

北村　会を盛り上げるために子どもたちに踊りをさせるとか。半ば強制的なのですが、希望者を募るという形でやるのです。

私は六四年オリンピックのとき学校にいて、開会式のマスゲームに子どもたちを参加させたいという教員がいました。採決をしてうちの学校は出ないことになりましたが、実際の段階になったら人数が足りないので、一回手を挙げた学校は出てくださいという連絡が来た。私はそのとき障害児学級の担任をやっていて、その子どもたちをどうするかという話になったわけです。

「北村先生はそもそもオリンピックに反対だから、障害児たちを参加させるのにも反対だよね」と同僚たちは言う。だけど私は「オリンピックには反対だけど、他の子どもがぜんぶ行くならば、この子たちは障害児で下手だから置いていくというのは許さない」と言ったのです。下手な子がいて、まぜっかえさなければいけないと思うから、行かせたい。だけどその理屈が、仲間である教員たちにはわからない。まあけっきょくは、まぜっかえしに行ったんですけどね。

増田 オリパラ教育では、二〇二〇年にすべての子どもが参加すると明言されている。「参加する」すなわち、動員です。いま全国の大学・短大の約八割が組織委員会と提携していて、学生を協力させることになっています。二〇二〇年大会を成功させるためにタダで使えるものはどんどん使う。学生もボランティアなので無料奉仕です。道徳教育の教材の書きこみのように、自らすすんで動員されていく子どもたちを育てる。

年度初めのオリパラ教育のガイダンスでこんなことがありました。担当のS先生が「みんなで拍手してみよう。S先生って大きく呼びかけてくれる?」と言うと、生徒たちが「Sセンセー」と叫んで拍手する。「どうもありがとうね。いまみんながS先生を応援してくれたから、すごくハッピーだし、力もモリモリわいた。応援されるってことは、とっても気持ちがいいんだよ」と。こういうことがオリンピックまで続くと思うと、ちょっと恐ろしいな、と思います。

（二〇一七年七月一五日、千駄ヶ谷区民会館）

オリンピックはスポーツをダメにする!?

アスリートたちの反オリンピック

山本敦久

二〇二〇年の東京オリンピック開催を前に、スポーツ批判自体が危機的な状況にあります。僕が日本の体育・スポーツ研究の牙城、筑波大学の学生だったころは、スポーツが好きなこととスポーツを批判的に考えるということは、同じ地平にあるのだと勉強してきました。けれども現在の筑波大学は、東京オリンピック開催の旗を振る拠点となっていて、そこではスポーツ批判が十分に機能しない。今日はこうした点をふまえて、いまのスポーツ文化はオリンピックのイデオロギーや神話に完全にのみこまれてしまっており、もはやその外部はないのか、ということを考えてみたいと思っています。

スポーツ社会学とブルデュー

フランスのピエール・ブルデューは、世界的に著名な社会学者でありながらスポーツについて詳しく論じた稀有な学者でした。従来、近代における思考世界のヒエラルヒーの底辺に置かれた身体やスポーツは、社会学者からすれば馬鹿にされる領域であり、扱うべき対象ではなかった。ですから多くの社会学者はスポーツを研究の対象として扱いたがらない。他方で、社会学という学問は、物事を批判的に捉える性質があるため、スポーツ業界からは煙たがられる。ですからスポーツを社会学の対象とすることには複雑な事情が絡んでくる。このことを表現するための比喩としてブルデューは、スポーツ社会学者は黒人アスリートとそっくりだと言うのです。左派はスポーツを馬鹿にする。右派は黒人を嫌う。同じように、スポーツ社会学も、本流の社会学とスポーツ業界の双方から締め出される場所に置かれてしまう。

あらゆる学校の教科でも、数学や英語が大事で、体育は最底辺に位置づけられている。スポーツや体育は、身体を卑下する近代の人間観のなかにすっぽりと収められて、重要視されない。だからこそ、そこから社会学をせよとブルデューは言う。オリンピックや近代スポーツを批判的に考えるということは何よりも身体について考えることだと思っています。

アスリートたちの反差別パフォーマンス

トランプが大統領になって以降、アメリカのトップアスリートたちが、人種差別に抗する身体パフォーマンスを展開しています。スポーツ選手というと、保守的だと思われがちですが、そうではない文脈や歴史がある。コリン・キャパニックというアメリカンフットボールの選手が反人種差別の身体パフォーマンスをやり始めて注目されましたが、これは実はトランプが大統領になる前の二〇一四年に、やはりアメフトの選手たちから始まりました。

そのころミズーリ州でマイケル・ブラウンという黒人青年が白人警官に撃たれて死んで、大陪審が警官を不起訴にした。それを受けて各地で暴動が起きていくなかで、「Black Lives Matter（黒人の命も大事にしてよ）」というメッセージと、「丸腰だ、撃つな」と手をあげるパフォーマンスが拡散していった。その一環として、黒人アスリートたちもこういう運動を積極的にやっていったのです。

アスリートが政治的な行為をすると怒る人がいます。このときの警察も彼らの活動に対して抗議を入れました。ですが、すぐさまフェイスブックやツイッターで、ある老齢の黒人がメッセージを放ちます。ジョン・カーロスです。一九六八年メキシコ・オリンピックの男子二〇〇メートルで銅メダルをとり、金メダルのトミー・スミスとともに黒人差別に抗議して表彰台で拳を上げる「ブラック・パワー・サリュート」を行った人です。この人が「もっと多くのアスリートたちが彼ら同様に声をあげるべきだ」「新たな世代がここにいると感じる」というコメントを出したのです。

ジョン・カーロスと現在の抵抗運動

オリンピックは政治的なパフォーマンスをする人間に対して厳しい制裁を加えます。カーロスもスミスも陸上競技界を追放され、つらい人生を送った。そのジョン・カーロスが再び登場して、現代の若い黒人アスリートたちを強くサポートするメッセージを出しているのです。

現在のジョン・カーロスは、あの経済格差の拡大に抗議するウォール街でのオキュパイ運動のなかで重要な役目を演じました。六〇年代の黒人たちの貧困や差別に対抗する運動を、グローバル資本主義における格差問題と闘う新世代につなげるような活動をしていたわけです。またロンドン・オリンピック開会式の外で開催に反対する人たちが何百人も逮捕されたのですが、彼らを守る集会で叫ばれたのが「いかなる圧政も恐れない」というジョン・カーロスの言葉でした。

ですからアスリートが既存の政治に従順な存在だという考え方はやめなければいけない。アメリカでは二〇世紀初頭から、黒人が自分たちの場所をこじ開けるうえでアスリートの存在が不可欠でした。何も語らずに身体で政治を表現するというやり方が、いまの十代、二十代のアスリートたちにも受け継がれている。ＮＢＡの選手たちも、ニューヨークで黒人の若者が白人警官に羽交い締めにされ殺された事件に対して「息ができない」というTシャツを着てアピールをする。もう黒人だけの問題じゃない、とアジア系の選手も関わるようになっていく。

忘れられた白人アスリートの抵抗

「ブラック・パワー・サリュート」の表彰台で銀メダルの場所に立っていたのはピーター・ノーマンというオーストラリアの白人スプリンターです。実は彼も、黒人アスリートたちが作った〈人権を求めるオリンピック・プロジェクト〉のバッジをつけて一緒に表彰台に上がり、人種差別反対のパフォーマンスをしていました。彼もオーストラリアに戻って手痛いバッシングにあい、陸上界に戻れないまま亡くなってしまった。そのとき、かつて同じ表彰台に立ったスミスとカーロスがオーストラリアまで棺を担ぎにいって、歴史の闇に葬り去られた白人スプリンターに光が当たりはじめたのです。

スミスとカーロスが卒業した大学の構内に「ブラック・パワー・サリュート」のブロンズ像が作られましたが、銀メダルのピーター・ノーマンの場所は空けられています。ノーマンはこの制作意図をわかっていて、こんなコメントを残しています。「誰もがこの場所にのぼって、自分の信じるもののために立つことができる」と。

オリンピックのための虐殺

元カリフォルニア大学バークレー校のハリー・エドワーズは、スポーツ社会学に関する最初の本を書いた学者です。彼は、ブラックサリュート運動のリーダー的存在でした。スポーツ社会学は、オリンピックに対抗していた人たちの思想のなかから出てきた学問だということもできる。ですから、スポーツ界の内部から既存のスポーツのあり方を批判するというスタンスの伝統は、六〇年代からあるのです。

ブラックサリュートのパフォーマンスが行われたメキシコでは、オリンピックが開催される十日前に大虐殺が起きました。トラテロルコという広場に、「こんなに貧しい国で大きなお金をかけて何をする？」とオリンピック開催に抗議して集まった民衆が、戦車で轢かれ撃たれて殺されたのです。北京大会、ソチ大会もそうでしたが、オリンピックは開催に邪魔なものを排除し消し去るという特性をもっています。

スミスとカーロスの表彰台のパフォーマンスには、メキシコの広場で死んでいった若者たちに対する追悼の意味もあったと、後に彼らはコメントしています。

カール・ルイスとモハメド・アリ

ジョン・カーロスは現在も反グローバリゼーション運動などで活躍していますが、八〇年代に活躍した世界的なスーパースターのカール・ルイスは、同じ陸上のメダリストではあってもオリンピック大賛成の立場です。二〇二八年のロサンゼルス大会の招致運動でも重要な役割を果したようです。しばしば八四年のロサンゼルス大会がオリンピックの商業主義化への大きな転換点だと言われていますが、それは黒人たちの抵抗運動をうまく包摂して新しいオリンピックに生まれかわっていく転換点でもあったように思います。商業化するだけでなく、アメリカは黒人に対して寛容だといったアピールをしていく場に使われていく。

モハメド・アリは、ローマ・オリンピックでとったメダルを川に投げ捨ててしまった人ですが、彼ですら九六年のアトランタ・オリンピックの開会式では最終聖火ランナーに選ばれた。オリンピックは、自分たちにとって都合の悪い人はとりあえず包摂するというやり方をとっていくのです。震える手で聖火台に炎を灯したアリの衰弱した姿から、私たちは現代オリンピックの真の姿、柔軟な政治力を想像することができると思います。

テリエ・ハーコンセンとスノーボード文化

オリンピックに対して公然と批判を浴びせていったアスリートが、ノルウェーのスノーボーダーであるテリエ・ハーコンセンです。『反東京オリンピック宣言』（航思社、二〇一六年）に、彼のインタビュー「なぜ僕がいまだにオリンッピックを憎んでいるのか」を翻訳して載せました。ハーコンセンは、スノーボード史上もっともすぐれたパフォーマーですが、彼はオリンピックに一度も出ていません。オリンピックをボイコットしたのです。

六〇年代後半、ヨーロッパや北米の若者たちの間で「新しい社会運動」や「ニューレジャームーブメント」があって、そのなかから七〇年代にサーフィンやスケボー、スノーボードやクライミングなどが登場しました。近代スポーツの特徴である競争主義や結果志向に身体を隷属させるのではなく、楽しむことを重視しようとする若者たちの間で新しいスポーツが発明されていったのです。ところがスノーボードは、その人気を取り込みたいと考えるIOCによって、オリンピック種目に吸収されてしまいました。同様に、東京大会ではスケボーとクライミングもそうなります。

競争や勝敗のためではなく、身体を自分の表現のキャンバスにしよう、それをライフスタイルにしていこうという人たちが創り出したのがスノーボード文化ですから、この文化は最初からオリンピック的な身体への反抗を内包していた。そうした意識は、組織の運営場面にも出る。ふつうの競技種目では、ルールや会場や運営資金のことなどは、選手たちには決断できない。組織や協会の役員たちが官僚政治のように決めてしまう。それに対してハーコンセンは「アークティック・チャレンジ」というオリンピックのオルタナティヴ大会を運営し、ルールや競技会場、スポンサーも自分たちで決めるということをやり続けています。

ハーコンセンがオリンピックに対していちばん怒っているのは、スノーボードは自由な表現のためのものなのに、メダルをとるためにはどう滑ればいいのか、どんな技（トリック）をやると点数が高くなるのかということに身体を縛りつけてしまうからです。

オリンピックとグローバル資本主義

スノーボード界には、いまだにオリンピックに出ない人たちもたくさんいますが、積極的に出場して活躍する若い選手もいる。オリンピックを自分のためのビジネスの場所として捉える無批判な姿勢をめぐって、ハーコンセンと若者たちの間で論争になったりしています。僕が教えている学生もそうですが、かれらは生まれたときにはすでに資本主義のグローバル化のなかでスポーツが完全に商業化されていたのです。ですから、資本主義に取り込まれたスポーツとは違ったスポーツの可能性を知らないのです。若い世代にとっては、「なぜオリンピックで国旗を振っちゃいけないの？　なぜオリンピックでお金を稼いじゃいけないの？」となるわけです。いずれにしても、オリンピック的な身体性に反対するために作り出されてきた新しいスポーツの哲学やスタイルが、オリンピックに飲み込まれ、その外部がなくなってきているのです。

スノーボードの板を最初に製品にしてビジネスに変えたのは、ジェイク・バートンというアメリカ人です。最初はバートンも、板は自分たちの遊び道具だからと言って自分の手で木を削って作り、手売りしていた。それが九〇年代になるとグローバル企業になり、世界シェアが六〇%を超えていく。そうなると第三世界の工場で、雪を見たこともない人たちがスノーボードの板を作るようになる。こうなってくるとスノーボード文化は「魂を売り飛ばしちゃったの?」という議論が出てくるわけです。

GREEN.LAB が作るスノーボード

日本にもオリンピックや資本主義に違和感を表明するアスリートがいないかと探しつづけているのですが、やはりスノーボーダーのなかには面白い人たちがいる。長野県にはスノーボーダーがたくさんいて、山の中で暮らしながら、夏場は農業や牧畜をやり、冬はスノーボードをやるという生活をしています。彼らの中には、GREEN.LAB というプロジェクトをたちあげて、バートンとは違う手法と哲学からスノーボードの板を手作りして流通させています。

長野に限らず、日本の山の多くは人工林です。計画的に間伐して生態系を維持しなければすぐに山はダメになってしまう。GREEN.LAB は、その間伐材を使ってスノーボードの板を作っています。スノーボード板の小商いという手法は、とても面白い試みではないかと思うのです。

彼らは板を買った人たちとの間で、エコロジー運動とか、資本主義やスポーツの問題について対話できる場所を作ったり、イベントをやったりしています。子どもたちに板の製作過程を紹介しながら、スノーボードは楽しいけれども、そこにはいろいろな歴史があってね、というふうなことを教えています。板を作り、流通させ、その板に乗って身体を遊びへと解放していく。このプロセスは、同時に生態系のこと、スポーツの資本主義のこと、身体の政治に関わることを考えていくための実践にもなるのです。

　こういうライフスタイルを繋げていくと、資本主義の完全な外に出ることはできないとしても、別の価値観やライフスタイルを実験する人たちの社会ができてくる。スポーツという媒体からできることもまだまだたくさんあると思っています。スポーツをオリンピック支配から解放する道筋を探ることが大切なのではないでしょうか。

オリンピックに異議あり！　スポーツ・体育を問い直す

岡崎勝

私は大学時代からスポーツ社会学を専攻してきました。一九七五年ごろ影山健先生（愛知教育大学教授、二〇一六年死去）と一緒に学会や研究会に参加しましたが、まだ新しい学問分野だったのです。いっぽうスポーツ・体育研究の中で力を持っていたのは、運動生理学やキネシオロジーや身体運動学など、競技に参加するアスリートの記録を上げるためにはどうしたらよいかを研究している人たちでした。

スポーツの陰の部分

大学に入って最初の二年間は運動生理学に興味を持って研究に参加していました。速く走ると心拍数がどれくらい増えて、酸素がどれくらい吸収されて、人間の身体が動かなくなる限界はどのあたりかを、自分が被験者になり、エルゴメーターを使って調べていました。そういうことは科学主義的で、「ただ走れ」という根性主義の世界とは対極にあると思っていましたが、実際に実験中にエルゴメーターをこいでいて「これ以上できない」という限界にくると、やっぱり「岡崎がんばれ、もっとだ」とか言われて、「なんだ、科学も根性か！」と同じであることがわかりました。

体育の人は表向きまじめな人が多いような気がします。だからオリンピックに体育会系の私が反対していると、「一生懸命やっているのに、なぜあなたがたはオリンピックに反対するのか」と聞く。

しかし、スポーツの現実と本質を知ると、「やめときゃー（やめなさい：名古屋弁）」と反対せざるを得ない。実は、スポーツマンが、言われると否定はできないけどつらいのは、「頑張ってもダメだよね、結果を出さなければ」ということ。頑張ることは「自分にとってプラスになる」とまず思い込む。けれど、記録が出なくなったり、スタメンからドロップアウトしていったりしたとき、スポーツの残酷さに気づく。しかしそれを直視したくない。でも、ピークを過ぎれば成績も落ちるだけで練習もきつくなる。なんとか美談で終わりたいと思うのが普通ですね。

そうしたスポーツの陰の部分の指摘や研究がスポーツ社会学の一領域です。スポーツのいいところばかり強調しないで「不都合な真実」、つまり、その裏側で優勝劣敗思想と残酷な競争への従属を受け入れるという「人間形成」が埋め込まれている事実も研究の対象にすべきです。そのことを明らかにしたのは、影山先生や自分たちだと、自負しています。（影山健『批判的スポーツ社会学の論理　その神話と犯罪性をつく』ゆいぽおと、二〇一七年）

記録を伸ばすためにすべてが許される

オリンピックのめちゃくちゃさは、ＩＯＣの憲章にもみられます。最初はオリンピックの理念が書いてあるのですが、次に、オリンピックはすべてＩＯＣの組織決定に委ねるものとすると書いてある。ふつうは憲章で組織の話など書かないものです。オリンピックはどうあるべきかがていねいに書かれなくてはならないのです。ＩＯＣの既得権益がまず大切であって、理念なんてどうでもいいと思っているのでしょう。

スポーツはもう完全な「商品」になっています。パラリンピックでも車いすの価格がいくらかというのが重要です。将来的にはパラオリは一体化するのではないかといわれています。極端なことを言えば、足のある人がわざわざ自分の足を切って、よく走る足に換えて出ることもあるのではないか。杞憂に終わればいいですが、現実はかなり近いところまでいっているように思います。スポーツは記録を伸ばすことと「勝利すること」がまずありきです。これが「完全無欠のゴール」ですから、すべてのことが許されるのです。

ドーピングも、実質的に解禁されると思います。ドーピングして記録が伸びるのだったら死んでもいいという選手はたくさんいます。有能なアスリートの半分くらいがそう考えているという人もいる。自分の価値を高めるためにやっているドーピングだったら、まだ死なないようにというセーブがきくかもしれない。旧ソ連が国家ドーピングをやっていましたが、選手生命が終わると、アメリカに行ってドーピングで病んだ身体をリハビリしてくる。たぶんそういうリハビリシステムが円滑にできてくれば、ドーピングはある程度黙認されるのではないか。遺伝子操作によるドーピングもそろそろ完成します。「商業主義とは関係ない、純粋に人間の身体の記録を伸ばしていきたい」という「美学」なんだという人たちもいますが、そこまでくると、人間の生命は二の次になる可能性は十分ある。だって、美学ですからね。なんでもありの「自由」がなければ美学にはなりません。これからは、「人間」の定義が問題になるだけです。

どこまでが人間として認知できるか。これも、ルールができていって「何%までが肉体なら人間と認める」とか決められるでしょう。

筋力を強化したり、記録を上げたりしようと思うと、自分の身体と精神に負荷をかけなければならない。一・一倍から一・二倍へと負荷を身体にかけながら筋力をアップさせていくということをアスリートたちはやっています。空気の薄い高地でのトレーニングもそうです。空気が薄いから意味がある。そこで身体訓練をして人体改造をする。アスリートはそういうことが当たり前になって、ここで止めようかなと思っても、やはり頑張らねばと、どんどん自分を痛めつけることに喜びや充実感を感じるようになる。最初は健康のためウォーキングすればいいかなと思っている人たちが、人が集まると、人よりも早く走りたいという気持ちに引っ張られていってしまう。よくあることです。

自由とルール

競争原理なしでスポーツは成り立たないと言われてきました。日本の代表的な政治経済学、社会思想史研究者の水田洋さんと『反オリンピック宣言』(風媒社、一九八一年)という本を一緒に作ったのですが、そのとき水田さんは次のようなことを言っておられました。

近代は自由を求め、私的財産を確保するために、権利という言葉を法律や政治的共同体のなかに確立しようとした。ところが様々な自由を求めていくと、けっきょくそこに制度的な規制、ルールを作らなければならなくなり、逆に今度はそのルールに自分が縛られることになっていく。自由とは拘束されないということなのに、ルールをたくさん作らないと自由になれないという矛盾が出てくる、と。

このあたりのことは、「自由論」「正義論」として今もさかんに論議されますが、スポーツからみていくと、かなり本質的な論議になります。「ルールを守るのがスポーツマンシップ」ということも、それほど単純な話ではない。

スポーツは細かいせめぎあいがたくさんあるので、ルールに書かないわけにはいかず、ルールをさらに細かくして、どう解釈するかという運用面まで共通化する必要がアスリートや監督にはある。ルールの細分化、微細化、増量化がスポーツの特徴なのです。ルールは本来、自由になるための最小限のものであるはずが、どんどんルールを細かくして増やすことになる。勝敗の追求がある限り、ルールはアバウトにはならない。

最近、親から徒競走の順位を写真判定でやってほしいと言われます。ルールや判定が細かくなっていくというのは、スポーツだけの問題ではなく、社会全体の規則や規律を細かくしていくことと強く関係していて、白黒はっきりしてほしいということが背景にある。「ビデオ判定になって良かった」という声も多いけれど、一方で駆逐されたのがおおらかさと、勝敗への「こだわりのなさ」なのです。

敗者と勝者

学校で、子どものなかに敗者と勝者ができるということに、私はずっとこだわってきました。でも学校の体育は、敗者と勝者をできるだけカモフラージュすることが目的になっています。よく言うと、みんなが勝っても負けても楽しめるように、問題が起きないように道徳教育をやるわけです。「勝っておごらず負けて悔やまず」と。しかし、そもそも体育で勝ち負けの後にすぐノーサイド（敵味方無し）ということは感情的に無理なのです。差異化・差別化しておいて、「差は多様性なのですから、我慢しなさい」はちょっと無理です。しかも、現代の勝敗は通過するのではなく刻印されるものです。

ドッジボールをやろうとすると六割の子どもたちは喜ぶ。ほぼ四割の子は嫌がりますが、それはボールを投げるのもヘタだし、当たれば痛いからです。実際によくあるのですが、ボールを投げる力の弱い子が、強く投げられる味方の子にボールを渡したことを、敵チームが猛烈に非難しました。フェアプレイではない、頑張って投げるべきだと。

しかし本当は、敵チームのその子が頑張ってボールを投げても、自分のチームの外野にはとどきません。結局は敵チームのボールになることがわかっている。タテマエでフェアプレイを叫んでも、実質は自分に有利だと思っているわけです。一方の渡した側はチームワークでやっているのだから不正ではないと。

もちろんこの議論は矛盾したままの平行線です。その渡した子が泣きだしたものだから議論は終了して、それ以降、当分ドッジボールはやりませんでした。「けっきょく先生はどう思うんですか」と聞かれて「先生もようわからん」と答えると、「頼りない先生だな」と言われて権威は下がりました(笑)。でもその論議は根底的ですごく面白かったし、スポーツのもっている問題を象徴していました。DH(指名打者)制の問題点を考えるのと同じです。

これも本当にあった話ですが、友だちの教員が小学校の授業で、バスケットボールを指導したときに「思いやりルール」というのを作りました。シュートをする前に必ず一回全員にパスしてから攻めるというものです。「ボールを回してもらえないメンバーもいるから、みんなで協力できてよいでしょう」と自慢げにその教員は話しました。でも私は、ボールをみんなで回している間に相手に取られるなと先が読めていました。案の定、悲惨なゲームになりました。授業が終了した後の反省で、子どもに「思いやりルール」について「よい」「普通」「悪い」のシールを貼らせたのですが、ほとんどが「普通」。「普通」というのは全然ダメと同じです。全然ダメとするとその先生のメンツがつぶれますから、子どももよくわかって忖度《そんたく》しています。

「思いやりでは勝てない」ということを子どもが確認し、それが全員にすり込まれただけです。子どもといっしょにやっているとスポーツのもっている矛盾がけっこう出てきます。

オリンピックの招致反対署名をやっていたとき、署名してくれる人の八割くらいがスポーツを嫌いだと言っていました。学校時代の体育や部活などの嫌な思い出をいっぱい言う。「前へならえ」が嫌だとか、いつも集団行動で叱られてばかりいたとか、跳び箱は頑張れば跳べると言われたけど大けがしたとか。やればできるというのが学校の「隠れたカリキュラム」ですから、やれなくても頑張れというのが鉄則になっています。できない子に残されている道は頑張るふりをすることです。先生が「まあ、しかたないか」と言ってチャレンジから解放してくれるのを期待する。「どんなにできない子でも私が指導すればできるようになります」という新手のエセ宗教家みたいな先生がいます。これが一番困る。

自分の大学受験のときに、実技試験があったのですが、鉄棒に相撲部らしき受験生がいどんだ。そのときに、一応ぶらさがったのですが、そのままずーっとぶら下がっている。試験官が「もういいです、降りなさい」と言って終わった。彼は合格していましたが、そのとき「どんなに頑張っても逆上がりができないスポーツマンもいる」ということを確認しました。

競争しないで楽しめる運動

学校では私も体育主任をしてきました。運動会で徒競走を中止したこともあります。そうすると同僚からも反対はありますが、保護者や地域の人たちからすごいバッシングがあります。「徒競走がないと運動会じゃない」と言われました。

徒競走をするとき、子どもたちをどんなグループで一緒に走らせるのか、学校の教員はいつも悩んでいます。同じくらいの速さの子を集めてグループをつくる方が競《せ》りあって面白いのではないか、ということで、今は事前に五〇m走などで計測して、記録を取り、それを元にした走力別のグループで競走していると思います。しかし見ている人や子どもたちは「一番遅いグループが走るぞ」などと言って、やはり差別的な視線が入っている。子どもたちにどうしたらいいかなと聞くと、まず「どうしても走らなければいけませんか？」と素朴に聞いてくる子がいる。次に「背の順でやってください」という子もいる。「どうせビリだから圧倒的に早い奴がいた方がすっきりする」などと言う子もいる。走るのが不得意な子どもにとって運動会はかなりの負担なのです。

「春の運動会」はあるけど、「春の書き取り公開テスト、成績公開」はない。「なんで運動会だけみんなの前でやるんだよ」という不満はあるのです。

徒競走で手をつないでゴールするというのが批判されたことがありました。五人くらいが手をつないで勝ち負けを作らない。「岡崎先生、どう思われますか」と聞かれて、「ちょっと気持ち悪い」と言ったら、「でも岡崎先生は勝ち負けのない協働的なスポーツ（『みんなでトロプス！敗者のないゲーム入門』風媒社、一九八四年）を提案されていますよね」と言われるので、「あれは子どもたちの選択肢を増やそうとやっているんだ」と答えました。手をつなぐということは、無理矢理やらされているわけでしょう。協働的という以前の問題で、嫌だなと思うのです。

でも徒競走で前の子が転んだら起こしてあげる子はいるし、靴が脱げたら靴を拾いあっている子はいる。低学年の子の中には一緒に走っても、ゴール前で待っている子もいるのです。それはそれでいいのではないかと思う。つまり、走り方はみんな違うのではないかと。みんながみんな「俺は勝ったぜ」と思いたい人ばかりではない。人間のもつ排他性や攻撃性の問題は、私のなかでもまだ決着がついていないし、「協働性」が人間の本性かどうかは自信がありません。しかし、子どもは特にですが、人間のなかにはそういった価値の枠組みが確固としたものとしてあるかもしれないと認めるべきだと思います。

だから私たちが「スポーツ（SPORT）」を逆さまにして「トロプス（TROPS）」（前掲書）と言ったとき、競争しないで身体を動かして楽しめる運動やゲームがあっていいのではないかと思ったのです。「競争は全部だめ」という主張だと取られることがありますが、それはちょっとだけ違います。競争ゲームがおもしろいと私も思うことがあります。なんでも競争でなく協働すればいいとか、逆にすべて競争はだめだとか、一面的にとらえることがどうかと思うのです。

私がオリンピックに反対しているのは、競争原理の貫徹に対してです。そのためにルールがどんどん改変されていくし、競技のなかに商業主義や偏狭なナショナリズムが入りこんでいます。単なる趣味として楽しめないんです。オリンピックは大きな「お祭り型の公共投資」としてやっているところにスポーツの本質的な問題が出てきているのです。

「頑張れ障害者」への抵抗

オリンピックにかぎらず、運動会でも、身体運動系パフォーマンスは特に「感動を強制される」ことが多い。感動強制は本当に嫌ですね。たとえば障害をもつ足の不自由な子どもたちが運動会にどう参加するかという問題は、学校で未解決です。いまは特別支援教育ということが言われ、参加したい子には支援員がついたりして参加しやすくなっているかもしれません。義足をつけても走りたいという子はいます。しかし本人たちの意志とは別に、義足の子が足を引きずりながら走るのを見ていて、みんな感動すべきなのでしょうか？　感動して拍手する人もいます。いっぽうでそんなに無理して走らなくてもいいのにと思っている人もいる。

漢字のテストは競技場に用紙をはりだして公開でやったりしませんが、運動は結果が過程と一緒になって可視化される。そういうなかで個人の持っている障害や思いを周りが受け止めるというとき、そんなに簡単に「頑張っているね」などと言えない。「障害があるから、私は走ることでも頑張らないとみんなに認めてもらえない」という気持ちを否定できないけれど、安易に肯定もできません。走りたいという子たちが本当に走りたくて走って、終わった後で気持ちいいという子もいるので、そういうときは本当によかったと思うわけです。いっぽうで走った後でしんどくなった子をそのまま保健室に連れていったこともありました。本人はともかく、見ている側が「頑張っている姿がいたたまれない」ということだってある。

頑張る障害者だけが賞賛されメインストリートに出るのもいいけれど、あまり頑張りたくない障害者や、走りたくない障害者もいる。頑張っている姿を見せれば、それで世間はいいのかもしれない。でも私はものすごく抵抗があります。パラリンピックでやっている一人ひとりが嫌だということではない。しかしメディアは「頑張れ障害者」路線です。頑張ることをメインに置いてしまったら、そこで不幸が始まると思います。パラリンピックアスリートもエリートですからね。それははっきりと言っておきたい。とにかく障害があろうがなかろうが「頑張ることはいいことだ」という単純で幼稚な思考回路は受け入れられないということです。

オリンピックも含めて、スポーツはすばらしいという個人的な幻想は、勝手にどうぞという気がします。ただしそれが投資に結びついたり、オリンピック・ファシズム状況になったりしたときには、アスリート自体がどう自分を相対化していくかという問題を指摘してもいいと思います。「私は関係ない」などと言うべきではないです。

パラリンピックの車いすは高価で、スポンサーのついた、ごく限られた人しか使えません。私も車いすの子たちと授業をやりますが、「何になりたい?」と聞くと「車いすのアスリートになりたい」と言う子がいます。「そうか、頑張れよ」と言いながら、複雑な気持ちになります。

スポーツは健康によくない

最後に健康問題について。スポーツは健康によくありません。身体に負荷をかけるのですから。適度な負荷の運動ならいいと思いますが、それではスポーツになりません。トップアスリートやスポーツ大好き人間で健康な人などまずいません。身体を限界まで酷使していますから。健康なはずがない。

いっぽうで健康志向はすごく強くて、いわゆる健康産業や健康イメージを作り上げていくことにオリンピックはかなり寄与しています。添加物でできたコカコーラまで無糖・0カロリーで健康戦略に入っているとか。「水を飲めばいいじゃないか」と言いたくなる。

最近はスポーツと健康がセットになっていて、スポーツジムが流行し、みんなラットのごとく走っています。ただしスポーツセンターなどにいるインストラクターには、気をつけないといけません。データ主義だから、まず聞かれるのは身長・体重や脈拍や血圧です。しかし、人間の身体はそんなに単純に数値化できるものではありません。いい加減なインストラクターなら、まだいいのです。途中で止めても「今日はお疲れのようですね」で終わりですから。真面目なインストラクターだと、「もう少し頑張れるでしょう」と誠心誠意言われて、健康志向の人は断れずに乗っかる。それで逆に身体に不具合が出てくることがあります。

スポーツはほどほど適当にやる。自分の感覚を信頼していくことが適度にやるコツではないかと思います。でもオリンピックは個別の問題ではなく、社会的問題ですから、異論反論をきちんと出していくべきです。ましてや「オリンピックは国策だから反対するな」などというのは愚の骨頂です。日本はオリンピックに反対しようが無視しようがそれが普通に許される国であるべきだと思うのです。このオリンピックのあとに悲惨な環境破壊があることに思い至ってほしいとは思いますが。

［参考文献］岡崎勝・自由すぽーつ研究所編『親子で読む！東京オリンピック！ただしアンチ』（ジャパンマシニスト社、二〇一八年）

質疑応答

――教員をやっていますが、運動会はたくさん問題を含んでいると思います。たとえば徒競走で一位が三点とか、点数と結びつく。これをどうすれば変えていくことができるでしょうか。

岡崎　運動会が競技競争主義的になっているので、それに代わるものとして、たとえば地域全体で運動を楽しむものとしてはどうかという提案を影山さんはしていました。昔は運動会もお祭りでしたから、競技そのものでなく、地域で集まることを楽しむということだったんですね。そうなればそれはそれで楽しいかと。でも、広域になると適正規模を逸脱しますからだめでしょうね。

身体を動かすことを楽しみたい人は、いろいろな選択肢がないと困る。同時に、選択しない自由が保障されないと満足なものが作れないと思います。しかし学校では、選択肢を増やすことは比較的やりやすいのですが、参加しない自由を認めるのは無理なのです。体育の授業はともかく、運動会に参加しないとなると不登校を勧めるしかない。実際、運動会を不登校で来ないという子はいます。

山本 体育という分野だけが悪者になりがちですが、他の教科はもっとすごい競争をやっているし、偏差値教育でいっぱい勉強させられる。体育で一生懸命やっていることは批判されるのに、家で寝る時間を削って勉強していることはあまり批判されない。体育は偏差値競争の可視化されたモデルとして担保されている気がします。運動会や体育だけが変わればいいというよりも、資本の論理のなかで、競争に投げ出される身体（労働者、受験生など）をもっと問い直すことが大事です。でもスポーツには競い合いが付き物です。競争主義に陥らないような形で、「競い合いの楽しさ」それ自体を体験する仕組みを想像すべきだと思います。これは岡崎先生が体育の現場でずっと模索されていることですし、GREEN.LABのような営為もすでに出てきている。もっとスポーツ身体批判の想像力を磨いていく必要があると思っています。

（二〇一七年一〇月九日、アカデミー音羽）

ナショナルイベントとしての東京五輪

天皇制とオリンピック

天野恵一

長野冬季オリンピック（一九九八年）の招致の段階から約七年間、反対運動に取り組みました。そのなかで六四年の東京オリンピックのことを調べながら考えたので、その話をしたいと思います。

「オリンピック開催のために戦争を防ごう」

ぼくの編集する『市民の意見30の会・東京ニュース』二〇一七年一二月号で、和田春樹さんに、米朝の相互挑発的な事態と安倍政権のアメリカ肩入れに関して書いていただきました。和田さんらしい、いい文章なのですが、その最後は次のように締めくくられています。

「二〇二〇年の東京オリンピックの開催に対して、日本はそれが無事に開催されるように条件を整える責任を全世界の人々に負っていることに注意を喚起したい。オリンピックを招致した安倍晋三首相、オリンピック・パラリンピック組織委員会会長森喜朗氏、さらにオリンピック開催都市東京の都知事小池百合子の三人には、特別重い責任がある。日本国民は、何よりも日本の周辺で戦争がおこり、オリンピックが開催できなくなることがないように、あらゆる努力を払わなければならない。／市民の意見30の会では、来年の意見広告の準備をされているとうかがっている。その意見の中に米朝戦争を防ぐのは、平和憲法をもつ日本国民の責任だという趣旨を入れていただけないだろうか。『東京オリンピックを開きたい人は、憲法九条を生かして、平和外交で、米朝戦争を防がなければならない』というような文言でも効果的だと考える。ご検討をお願いする」

日本の近現代史をていねいに調べている和田さんが、オリンピックについてこういう主張をする背景には、どんな認識があるのか。日本は一九四〇年開催予定のオリンピックを三六年に招致しましたが、翌年の日中戦争開始と泥沼化で、三八年に中止を決定します。「平和の祭典」を戦争で返上せざるをえなかった歴史に対して、こんどは「平和の祭典」をテコに戦争政策を批判していこう、という判断が和田さんにはあるのでしょう。では、なぜぼくたちはそのように考えないのか。

原型としてのベルリン・オリンピック

現代的なオリンピックの原型がつくられたのが三六年のナチス・オリンピックです。長野五輪反対運動のときにまとめた『君はオリンピックを見たか』（社会評論社、一九九八年）で池田浩士さんに書いていただいた「『動員』の構造――ナチのベルリン・オリンピック」をもとにお話しします。

ベルリン・オリンピックでは「選手村」と巨大スタジアムが初めてつくられ、選手競技ではないマスゲームなどが初めて行われました。そして軍のバックアップ。「国家対抗」「ナショナリズム鼓舞」のシステムであるオリンピックはそれまでも戦争と連動していましたが、軍施設の利用など全面的支援が行われたのはベルリンが最初です。さらに聖火リレー。アテネで点火した聖火をリレーで運んでくるシステムもナチがつくりだしたものです。表彰台でのメダル授与もそうです。

こうしたスペクタクルを通して、選手だけでなく観客（国民）が主体的にオリンピックに参加している意識をつくりあげたわけです。「平和の祭典」への参加を通して、戦争への動員体制をつくっていく。これが現在のオリンピックの原型になっている。このときの聖火リレーのコースは、ナチのその後の侵略コースと重なっていたといわれています。戦争準備を兼ねた「平和の祭典」だったわけです。

いっぽう当時のナチス政権では「ニュルンベルク法」でユダヤ人を排斥していましたが、オリンピックではユダヤ人をドイツ選手団に加えました。反ユダヤのキャンペーンもオリンピック期間中は停止しています。そういったイメージ演出もして、オリンピックを開催している。

ちなみにこのころは夏季と冬季のオリンピックが同年同国で開始されていました。返上された一九四〇年東京オリンピックのときも札幌での冬季オリンピックが予定されていました。つまり六四年の東京オリンピックだけではなく、七二年の札幌オリンピックも実はリベンジであったわけです。

六四年のオリンピックで何が行われたか

六四年の東京オリンピックでは、聖火リレーは「返還」前の沖縄から始まりました。沿道で「日の丸」を振って聖火ランナーを迎えるスタイルで、沖縄を「日の丸」漬けにするところから始まった。聖火が通った跡に碑が建てられたりしています。そして聖火リレーの終着点は皇居前でした。これらについては小倉利丸さんが『君はオリンピックを見たか』に書いています。

東京オリンピックに向かう時代は、普通の道が舗装道路につくりかえられ、東京がコンクリート漬けにされていく時間でしたが、そこに高速道路と新幹線がつくられる。巨大な予算の開発政策による巨大な自然破壊がオリンピックの名の下に行われた。これは長野オリンピックのときも同じです。長野オリンピックについては『君はオリンピックを見たか』に江沢正雄さんが書いています。

六四年の開会式では「国家元首」として天皇が「お言葉」を発し、憲法違反である「公的行為」を国際舞台でハデに展開した。この問題については、同じ本にぼくが「『天皇行事』のオリンピック——象徴天皇は〝国家元首〟か？」を書いています。この文章の初出は『週刊金曜日』ですが、いっしょに載る予定だった貝原浩による天皇の戯画が掲載を拒否され、ぼくらは抗議文を出しました。『週刊金曜日』では長野オリンピック批判をずっとやっていたので、タブーの度合いはオリンピックより天皇のほうがずっと高いということでしょう。

オリンピックを通しては、翼賛体制的なものは出てきます。長野の地元では反対運動に対する膨大な抑えこみがあって、地域社会では運動が孤立しました。県の支出に関しても情報開示されない部分が多くあって、その点についても江沢さんが先ほどの本で書いています。

ソフトなナショナリズムと皇紀二六〇〇年

長野オリンピックは、西武の堤義明を軸にした開発オリンピックでしたが、六四年の東京は、高度成長に向かうなかでの経済主義的なオリンピックでした。たとえば、石原慎太郎、三島由紀夫、曽野綾子など、いまや極めつきの右翼が、君が代・日の丸・天皇賛美などはやっていない。肉体の賛美など、剥き出しの政治主義を避けたところでコメントしている。この東京オリンピックの時代のナショナリズムは、象徴天皇の使い方も含めて、かつての戦前に帰って行くような復古型ではまったくない。高度成長の入り口で開催されたオリンピックの特徴がそこにあると思います。ソフトな形でナショナリズムが定着していくように使われた。そこがナチス・オリンピックとはちがう。

返上されたオリンピックの予定されていた一九四〇年に、「皇紀二六〇〇年」が祝われました。天皇制ファシズムの完成期で、万世一系、天皇神話というイデオロギーで行われたナショナルイベントです。ケネス・ルオフ『紀元二千六百年――消費と観光のナショナリズム』(朝日選書、二〇一〇年)には、日本に大量に生まれた中間層が全国的な観光を楽しんだ時代だと書かれている。皇紀二六〇〇年にかかわる国内の天皇制の名跡や朝鮮半島の植民地などを訪れる。戦争中にもかかわらず観光するという口実を、神権的なイデオロギーが支えた。翌年になると太平洋戦争開戦で、経済的にもぼろぼろになっていくのですが、四〇年は消費と観光のナショナリズムを謳歌できるピークであったわけです。

六四年の東京オリンピックのソフトなナショナリズムとの類似性がそこにあります。オリンピックを返上して戦争一色になったかというとそうでもない。「戦争」と「(消費を謳歌するという）平和」の裏表のなかで成立する動員の形態があった。

「平和」の動員から戦争へ

今回は天皇の生前退位のプロセスの後に開催されるオリンピックなので、いろいろ準備されていくものが、どういうイデオロギーをもっているのかを考えなくてはいけないと思います。安倍だけをみていると、戦争イデオロギーだけになってしまうわけですが、社会全体を包みこんでいくイデオロギーは、戦争一色ではないわけです。何のために「平和の祭典」という名目のオリンピックがあり、「平和天皇」といわれる天皇を使うのか。むしろ戦争がどうしても露出せざるをえない状況になってくるほど、そういうものが必要になってくるのではないか。

戦争の実態としては、殺し、殺される関係のなかで生きざるをえなくなるわけですが、そういう実態が進行していくなかで国家は、戦争をストレートに呼びかけるものだけではないイデオロギーも同時に準備しなくてはならず、そのために天皇やオリンピックがあるのではないか。

いまのオリンピックは利権オリンピック、開発オリンピックで、それが平和というベールにつつまれている。日本もふくめて戦争のリアリティが出てきている時代なので、これはナチ型のオリンピックに近いかもしれません。平和の動員で準備して、戦争に向かう。そういうことが本当にありうる時間に入ってきているのかもしれない気がしています。

利権肥大の果て

現代のオリンピックの原型がナチスによってつくられた後の大きな変化は、一九八四年のロサンゼルス・オリンピックです。商業主義、放送権をめぐる巨大な利権構造が生まれていく。そのことについては松瀬学『なぜ東京五輪招致は成功したか?』(扶桑社新書、二〇一三年)に書かれています。放送権料は、四八年のロンドン・オリンピックでBBCが払った三千ドルから始まるそうです。それが二〇〇八年の北京では、三九億一四〇〇万ドルにふくれあがっている。NHKと日本民間放送連盟が払った放送権料は、バンクーバーで六〇億円、ロンドンでは二五六億円に至る。それで選手の条件などは考えず、その競技に注目が集まる国のゴールデンタイムに合わせて競技が行われることになる。

オリンピックには巨大な利権が動くようになったので、先進国の大きな都市以外で開催することができなくなってきた。だからIOCとしても、放射能汚染の心配にもかかわらず東京にもってこざるをえなかった。巨大都市で回すしかない構造になっているのです。

皇室とオリンピック

一九七二年の札幌冬季オリンピックでは「スキーの殿下」秩父宮が招致に使われています。オリンピックは貴族の文化の延長ですから、招致には皇族を使いたいというのがあるわけです。

猪瀬直樹の『勝ち抜く力――なぜ「チームニッポン」は五輪を招致できたのか』（ＰＨＰビジネス新書、二〇一三年）は、招致直後の自慢話です。猪瀬は勝ち抜けず、すぐ都知事を辞めたのですが（笑）。石原慎太郎は雅子を使おうとして宮内庁に断られた。猪瀬は高円宮久子を引っ張り出して成功した。英語とフランス語ができるので役に立ったということです。天皇は不満だったようですが。

オリンピック／多様性／ナショナリズム

鵜飼哲

「一九六四年から五十数年、スポーツは進化した。しかしスポーツ観戦はどうだろう」。東京五輪のロゴの入ったＤＯＣＯＭＯの広告です。

「もしも、別の角度から見ることができたら。見えないものを可視化することができたら。通信にできることは、たくさんある。例えばおおきなモーションに隠れた、勝負を決める繊細な動き。選手本人ですら自覚していない、人知を超えた技。多様な視点は真実をあぶり出し、人間は人間の無限の可能性に気づく。スポーツには、まだ見たことのない『スポーツ』がある」

二〇二〇年までにどのようなスポーツ観戦の「主体」になるか、どんな機器を購入するか、それはあなたの自発性に委ねられているというメッセージ。五輪観戦のカスタマイズ化の勧めであり、「個性的」にゲットしたアスリートのパフォーマンスをネットにアップせよという指令でもある。そして誰もがこのナショナルイベントに「参加することに意義がある」というわけです。

カラーテレビの購入がけしかけられた六四年大会では観戦の単位が家族だったとすれば、二〇二〇年大会では個人に照準がしぼられ、機器の操作主体としての個人への分解を通じた全体化が企てられる。このような情報産業の戦略とメディアテクノロジーの問題を、私たちのナショナルイベント批判にどのように組み込むべきなのでしょうか。

「聖火」のヨーロッパ中心主義

「聖火」リレーは、一九三六年のベルリン大会のとき、ナチス党員のカール・ディームが発案しました（「聖火」と呼ぶのは日本だけで、英語では「Olympic Flame オリンピックの炎」

です）。六四年東京大会の「聖火」の上陸地点は、アメリカ施政権下の沖縄でした。二〇〇八年の北京大会では、中国国内に入る前、中継諸国で反対派の妨害活動がありました。それ以降、「聖火」はギリシャから直接空輸されるようになりました。二〇二〇年、日本での出発地点は福島原発事故の被災地です。依然としてホットスポットが多い国道六号線をランナーが走ります。この国道に地域の子供たちが動員され日の丸の旗が振られます。

「聖火」リレーは、プロメテウスがゼウスから火を盗んで人間に与えたという神話を参照しています。火は人間性の象徴であり、技術文明の象徴です。ナチスは、ドイツがギリシャに発祥したとされる唯一の人間的「文明」の継承者であることを示すために「聖火」リレーを考案したのです。ヨーロッパ中心的で人種差別主義的な発想は明らかです。

六四年大会の「聖火」リレーの最終走者は坂井義則さんという陸上選手でした。予選で落ちてオリンピックには出られなかったのですが、一九四五年八月六日に広島県に生まれたという理由で、国立競技場の開会式で点火する役割を与えられました。

「東洋と西洋を結ぶ火」——三島由紀夫の誇大妄想

三島由紀夫は開会式翌日の『毎日新聞』に「東洋と西洋を結ぶ火」という文章を寄せています。小泉八雲をもちだして日本人を「東洋のギリシャ人」であると主張しています。

「クーランジュによればギリシャの聖火はもともと家の神の竃の火で、聖火の宗教は、ギリシャ人・イタリア人・インド人の区別がまだなかった遠い太古にはじまり、東洋と西洋の未分の時期に生まれたものであるから（これがナチスのはじめた行事であるなしにかかわりなく）坂井君によって聖火台に点ぜられた聖火は、再び東洋と西洋を結ぶ火だともいえる」

日本でオリンピックが開かれることで東洋と西洋が結ばれる。それが四五年八月六日に広島で生まれた日本人青年の手でなされる。それは原子爆弾の〝火〟が「浄化」されることを意味していたのではないでしょうか。そして二〇二〇年、「聖火」に国道六号線を走らせることで、こんどは福島第一原発事故の「浄化」が企てられていることは明らかです。

六四年には日高六郎さんたちの『にっぽん診断』（三一新書）が出ていて、オリンピック前のシンポの報告集ですが、「聖火」リレーがナチス起源であることを紹介しており、三島もそれを読んでいたのでしょう。当時の五輪批判の論者は、小田実、谷川雁、作田啓一など日高さんに連なる人たちでした。

三島は反対派を意識しています。彼の文章は次のように始まります。「オリンピック反対派の主張にも理はあるが、きょうの快晴の開会式を見て、私の感じた率直なところは『やっぱりこれをやってよかった。これをやらなかったら日本人は病気になる』ということだった」。日本人が敗戦と原爆投下で「人間の輪」の外に叩き出され、五輪を開催しなければ元に戻れないかのように、疎外感から癒されるために五輪を必要としたということでしょうか。

さらに「オリンピックはいつか日本人に迎えられる運命にあった」と言う。日本開催によってオリンピックもようやく「人類の祭典」になるということなのでしょう。このような誇大妄想が、一見無縁にみえる二〇二〇年大会の深層に、形を変えて働き続けていないかどうか、一考の余地があります。

福島原発事故隠しのオリンピック

今回の五輪招致の主要な動機は福島原発事故の隠蔽です。民主党政権時代に東京都と電通を中心に招致活動が始まっていましたが、民主党は招致に熱心ではありませんでした。反原発運動が昂揚していた二〇一二年八月、ロンドン大会の凱旋パレードで銀座に五〇万人がつめかけました。福島原発事故から人々の耳目を逸らすためのメディア戦略であり、都民の支持率を確保する大衆操作だったことは明らかです。そして一二月に第二次安倍自民党政権が成立し、一三年九月に安倍首相の「アンダーコントロール宣言」、東京招致決定へとつながっていきます。

その安倍氏の一七年一一月の所信表明演説です。「原発事故で大きな被害を受けた福島では、帰還困難区域を除き、ほぼ全ての避難指示が解除されたことに続き、先月から中間貯蔵施設が稼働しました。除染土壌の搬入を進め、二〇二〇年には身近な場所から仮置き場をなくします」。汚染土などの仮置き場をなくす、つまり見えなくする、隠す。もはや彼は、「隠す」という意図を隠していないのです。

オリンピック理念の中心

天野さんが語られたように、オリンピックの時代はそのまま戦争の時代です。ギリシャは一八九六年に第一回のアテネ・オリンピックを開催した後、一年たたないうちにオスマントルコと戦争をして敗れています。その後もボーア戦争、日露戦争、そして第一次世界戦争と続く。古代においても、オリンピックの期間中は戦争が中断されたとしても、当然、終了後は再開されたのです。

クーベルタンのオリンピック理念とはどのようなものだったのか。一九三六年のベルリン・オリンピックの一年前、ベルリンに招かれた彼は、ラジオの講演で次のように述べています。「近代オリンピックの第一の本質的特徴は、それが宗教だということである。（中略）近代のアスリートたちは、同じようにすることで、彼の祖国、彼の人種、彼の国旗を称揚するのである」。オリンピック復興の立役者のこのような発言は、今日の五輪教育ではけっして引用されることはないでしょう。

今回の東京大会についても、組織委員会や国や都によってオリンピックの理念が歪められ政治的に利用されていると言うだけでは、批判として不十分です。近代オリンピックの理念の中心には、古代ギリシャは「人間」という観念が発生した地であり、文明や科学技術が発生した地であって、そのバトンが受け継がれていくのが人類史であるという考え方がビルトインされています。五輪の理念のこの側面を、六四年大会のときは多くの人が強く意識していました。だからこそ三島由紀夫はアクロバティックな論理に訴えて、オリンピックの日本開催を文明論的に正当化する必要があったのです。

「参加することに意義がある」はクーベルタンの言葉ではありません。一九〇八年ロンドン大会で、英米選手間の反目が激しかったとき、聖公会ペンシルヴァニア大司教のエセルバート・タルボットがアメリカの選手たちに語った言葉だそうで、この話に感銘を受けたクーベルタンが演説でたびたび引用したため、彼の言葉として流通するようになりました。私が六四年に小学生として耳にタコができるくらい聞かされたときは、勝利至上主義をいさめる言葉と解釈されていました。

しかしこの言葉はいま、まったく違う方向に再解釈され、今回の東京大会に一一万人のボランティア動員が組みこまれていることが、「参加する意義」として重要な意味をもってきています。この背景には、第一次安倍政権が改悪した教育基本法に愛国心教育が導入されたことがあるのではないか。前回のオリンピックのときの子供たちは、旧教育基本法によってまだ守られていた面があったのでしょう。

まやかしの「人権」五輪

国がいつわりの「復興」五輪を掲げているのに対し、都のほうはまやかしの「人権」五輪をうたっています。東京都は二〇一六年七月に「『多様性と調和』の実現を目指して　オリンピック・パラリンピックと人権」というパンフレットを発行しました。

パラリンピックは第二次世界戦争末のイギリスで負傷兵のリハビリのために始まったものです。いまやアフガニスタンで負傷した兵士がパラリンピックに参加して、メダリストになって戦場に戻っていく例さえあると、神戸大学の塚原東吾さんが『東京新聞』（二〇一七年一〇月四日付夕刊）で指摘されていました。パラリンピックのほうが、オリンピックより見えやすい形で戦争につながっていることを考える必要があるでしょう。

また「ＬＧＢＴ」に〝フレンドリー〟な施策を進めていると言われる長谷部健渋谷区長が、五輪準備を目的とした宮下公園からの野宿者排除も進めていることは強く批判しなければなりません。

東京都にヘイトスピーチ規制条例をつくることを目的とした運動のなかに、和田春樹さんの「オリンピックのために戦争を防ごう」と同じロジックがみられます。東京五輪は、関東大震災時の朝鮮人虐殺に関する追悼文の送付を取りやめた小池都知事の下で準備が進められています。そのようなときに、「オリンピック開催のためにヘイトスピーチ規制条例を制定しよう」という論理を立てることは何を意味するでしょう。逆に言えば、このような論理に頼らざるをえない状況に、東京の反レイシズム運動が追いこまれているということでもあります。

現在の状況は、私たちが考えているよりもずっと、三六年のナチス五輪と類似してきているのではないでしょうか。ナチス政権は当時、ユダヤ人のアスリートを参加させたり、街頭から反ユダヤ主義的な表示を撤去したりしました。いまの東京でヘイトスピーチ規制条例が五輪開催を理由にアリバイ的に制定されることは、これとどれほどのちがいがあるのでしょうか。オリンピックそのものが人種主義、植民地主義、優生思想の歴史と骨がらみであることを考えると、懐疑的にならざるをえません。

石原慎太郎と「人間の祭典」

二〇二〇年大会のきっかけを作った元東京都知事の石原慎太郎は六四年大会の開会式の翌日、『読売新聞』に「人間自身の祝典」という文章を寄せています。「優勝者のための国旗掲揚で国歌吹奏をとりやめようというブランデージ提案に私は賛成である。（中略）私は以前、日本人に希薄な民族意識、祖国意識をとり戻すのにオリンピックは良き機会であるというようなことを書いたことがあるが、誤りであったと自戒している。（中略）現代にいたって、人間にとっては『行為』すらが枯渇してしまい、我々は真の行為を行なうことも、目にすることもほとんど無くなってしまった。／そうした傷をも、オリンピックこそ癒してくれる千載一遇の機会である」。

二〇〇六年に東京の公立学校に日の丸掲揚、君が代斉唱を強制し、大量の処分者を出した都知事が、六四年にはオリンピックでの「国旗」「国歌」の使用に警戒を示していた。一見、そう読めるかも知れません。しかし、現代において「人間」を希少なものとみなすとき、彼は真の人間なるものを、並外れた能力によって定義しています。未来の〝差別主義者〟はこの能力主義のなかにすでにひそんでいたのではないでしょうか。

明治維新一五〇年、現天皇の退位、新天皇の即位を経て、オリンピックで「新生日本」のお披露目という流れ。二〇二〇年は実は明治神宮の「鎮座」一〇〇年にも当たります。安倍政権はそこに改憲の日程まで書きこもうとしています。まさに絵に描いたような「民族の祭典」です。

オリンピックは「民族の祭典」であると同時に「資本の祭典」でもあります。そして「資本の祭典」と「民族の祭典」を媒介するものが「人間の祭典」なのです。国の「復興」五輪と東京都の「人権」五輪は、このような補完関係にあることがみえてきます。思想の分野ではだいぶ前からさまざまな人間主義批判が試みられてきましたが、オリンピックは、人間主義批判を具体的なかたちで展開することなくしては批判しきれないのではないだろうか。これがこのところの私の問題意識です。

祝賀資本主義と災害便乗型資本主義

ジュールズ・ボイコフはオリンピックに関して「祝賀資本主義」という考え方を提示しています。オリンピックがもたらす祝賀資本主義はネオリベラリズムとは異なる。祝賀資本主義には国家や公共団体の関わりが不可欠であるのに対し、ネオリベラリズムは本質的に民間主導だからです。ボイコフの図式では、まず祝賀資本主義が到来し、だまされた人びとが「お祝いだ」とはしゃいでいると、それが実は人災にほかならない災害であることが判明する。するとこんどはその災害を口実に、非常事態的なネオリベラリズム旋風が吹き荒れる。祝賀資本主義と災害便乗型資本主義はこのように相次いで襲来するのであり、ボイコフはこれを「ワン・ツー・パンチ」と表現しています。

ところが東日本大震災以降の日本では、まず災害便乗型資本主義が「復興」を名目に展開され、その状況をテコにしてオリンピックが招致され、それからさらに「オリンピック災害」後の便乗型資本主義が用意されているのです。祝賀資本主義の前後に災害便乗型資本主義が配置されたこの「ワン・ツー・スリー・パンチ」という攻撃に、私たちはさらされています。

現在の日本では官民協調で祝賀資本主義が行われていて、オリンピックという非常事態のなかで、晴海選手村建設のための都の公有地払い下げのような問題が起きています。東京都が保有している土地を、三井不動産レジデンシャルなど一一社に本来価格の一〇分の一で売却してしまった。オリンピックを口実に公的財産の横流しが起こっている。そしてオリンピックが終われば「選手村」にはマンションが建つようになり、都民にとっては、よその土地になってしまうのです。

ボイコフの『祝賀資本主義とオリンピック』(Routledge, 2013 未邦訳) にはアートの問題も出てきます。オリンピックの開会・閉会式では相当数のアーティストが動員されますが、一部を除いて閉会式翌日には仕事がなくなります。参加しなければいいのですが、公的な資金がアートに投入されることはめったにないため、こぞって参加するのです。

二〇二〇年以降の問題として、大阪では万博、札幌では二回目の冬季五輪招致と、東京五輪と同じロジックで祝賀資本主義が展開しつつあります。

五輪後の「上から目線」

現代のオリンピックは大国でしかできないといわれますが、小田実が六四年オリンピックから数年後に書いた文章に次のような話があります。予備校のカリスマ教師として予備校生と議論してきた実感として、オリンピック後の彼らには「オリンピックをやったことで日本は立派になった」というイメージが植えつけられていた。こういう刷りこみを受けた日本人は、東京五輪以降、他の開催国が日本と同じように「立派に」できるかどうかという「上から目線」で五輪を観察することになります。

リオ五輪反対運動のジゼレ・タナカさんが来日したとき、上智大学の学習会で、このような〝典型的〟日本人を発見しました。東京五輪の年に大学を卒業したというその人は、「リオ大会の問題点が挙がっていたが、それはラテンアメリカの後進国だからである」と発言したのです。韓国も同じだとも言いました。自分は商社マンとして世界中を回ったけれども、ラテンアメリカはキューバ以外ぜんぶ賄賂社会だと述べたて、小池都知事になったから東京五輪はもう大丈夫という意見。平昌五輪やリオ五輪の問題点をただ述べるだけでは、この手のタイプを増長させてしまうことになりかねません。

質疑応答

――「オリンピックのために戦争や差別を防ごう」という論理についてもう少し聞かせてください。

鵜飼　私がそういうロジックを初めて耳にしたのは二〇一四年三月です。ヘイトスピーチ解消法の問題が参議院議員会館の集会で初めて取り上げられたとき、壇上の鈴木邦男さんが「在特会みたいなのがいるとオリンピックが開催できない」と言った。それを聞いた私は「民族派のイデオローグがオリンピックを歓迎するのか」と意外に思ったのですが、彼らの思想的な師匠にあたる三島由紀夫がオリンピックを賛美しているのだから、日本の民族派が反オリンピックのはずがないことを後に理解しました。

天野　鈴木邦男のような人が天皇とオリンピックを賛美するときに使うロジックは同じです。安倍首相やヘイトスピーチなど、排外主義的なものや戦争主義的なものにソフトなベールをかぶせるためにオリンピックや天皇を使う。『朝日新聞』など、アキヒト天皇を使って右翼を抑えこもうとしています。

天皇は建前としては政治的にニュートラルで、政治にかかわってはいけないが、平和という善のビジョンだけは発信してもよいことになっています。スポーツもニュートラルで平和的なものであるため、政治的に使うのはおかしいというロジックです。天皇や皇室と、スポーツは、社会での使われ方が似た構造にあるので、スポーツの大会に皇室が絡んでいくのはある種の必然なのかもしれません。

――パラリンピックとナショナリズムの問題を絡めながらお話をいただきたいと思います。

天野 日本赤十字の名誉会長は伝統的に皇后です。被災者や障害者に対して、日本国家の慈しみを全人格で表現するものとして天皇と皇后がいることになっているのです。強烈な国家主義を煽るのではなく、そのような慈しみも天皇制の役割なのです。パラリンピックで女性皇族が前面に出てくる場面が増えているのは、「国母」としてのソフトなイメージを打ち出していくためです。

鵜飼 オリンピックよりパラリンピックのほうがビジネスとして広がりがあるといわれています。パラリンピックのマーケティングを学ぶことまで含めて、オリンピック・パラリンピック教育なのです。大日方邦子さんというパラリンピックの元アルペンスキー選手が、いまは研究者になっています。パラリンピック選手で、引退後に研究者に転身して教育活動に関わる率は高いです。

パラリンピックはなぜこれほどまでに脚光を浴びるのでしょうか。それは復興イデオロギーと同型性があるからだと思います。「災害多発国・日本」と「頑張る障害者」の同一視が働いていて、立ち直る被災地と立ち直る障害者が称揚の対象となると同時に、立ち直れない被災地、障害者は遺棄されていく。

――日本に住んでいる少数民族の方たちとオリンピックはどのように共存していくのでしょうか。

鵜飼 アイヌや沖縄など、日本の少数民族問題の歴史をたどるときに必ずつき当たるのが「人類館事件」です。初期のオリンピックは国際博覧会のサブ企画として開催され、人類の姿を展示するという意味をもっていたのです。一八九〇年代くらいまでヨーロッパでは「人間動物園」というスペクタクルが流行して、それが日本に輸入され、一九〇三年、大阪の内国博覧会で「学術人類館」がつくられて、「アイヌ」「台湾生蕃」「朝鮮人」「琉球人」などが「展示」された。この事件とオリンピックの歴史はつながっているのです。

こんどのオリンピックの開会式ではアイヌ民族の一部の人たちが動員される計画になっているようです。二〇〇八年の洞爺湖サミットのとき、日本の国会はあわてて「アイヌを先住民族と認めることを求める」という奇妙な決議を満場一致で採択しました。日本の中央権力の無理解や横暴に絶望しているアイヌの人たちは、世界に自分たちのことを知ってもらいたいという気持ちを当然もっていて、そこをまた利用される構造があるのです。二〇〇八年にG８に対抗して「先住民サミット」を組織したアーティストの結城幸司さんは、先日東京のギャラリーでのトークでオリンピックを批判されていました。

二〇一〇年のバンクーバー五輪でも、「ファーストネーション」と総称される先住民族が、その居住地で競技が行われることから賛成派と反対派に分断され、反対派の女性長老が獄中死するという事態も起きています。

オリパラ教育は基本的に日本の国威発揚のために行われるため、日本の学校に通っている在日コリアンの子弟は非常につらい思いをしているでしょう。

天野　二〇一八年は「北海道一五〇年」で、政府のイベントと民間のイベントがリンクされながらも別個のものとして動く。国家がアイヌの人々に対して抑圧や虐殺や収奪をしておらず、先住民としての権利を認めたというスマートなお話をつくろう、日本の近代国家の歴史全体を連続的かつ肯定的に描こうという歴史観の作り直しがあるのだと思います。

——二〇二〇年オリンピック以降の日本のイメージ。権力は何を考えて用意しているのでしょうか。

天野　アキヒト天皇は、ナルヒト新天皇が登場するスケジュールをオリンピックの開会宣言から逆算して生前退位を進めていると思います。ヒトラーは自殺し、ムッソリーニは吊るされ、ヒロヒトは生き延びて戦後の国家のシンボルとして平和の祭典で開会宣言をした。アキヒトにとっては、息子ナルヒトの晴れの舞台がないまま年老いてはまずい。そのようなことを考えて代替わりが進んでいるのだと思います。

しかし、どのような天皇のイメージになるかはよくわかりません。アキヒトは即位のときから平和の象徴で、戦争のイメージから脱却していくという任務がありましたが、こんどの天皇は同じことをやっていくわけにはいかないでしょう。投機経済で持たせている状態がオリンピック以後も続くわけがありません。もう一発大きな原発事故が起きる可能性もある。次の未来を安倍たちが考えているなどとは思えません。トータルビジョンとして次がどうなるかを支配者全体がわかっていないのですから。

鵜飼 二〇二〇年以降、オリンピックの何十兆円という利益はどこかにいってしまって、日本の中にさえ大資本のもと以外には残らないでしょう。その後はわかりやすい形で増税がのしかかってきます。税金を取りやすい給与生活者以外の業種の人々も、マイナンバーなどを駆使して、すべて収入状況を把握できるようになる。立ち直れない被災地や障害者、そして経済的な弱者に対して、容赦のない棄民政策がより公然と取られるようになります。それが戦争政策と軌《き》を一にして進んでいくでしょう。

新天皇ナルヒトの難しさは、単純に父の像を引き継げないところにあります。六四年のオリンピックは、前の教育基本法の下で進められていました。いまは第一次安倍内閣が改悪した教育基本法のなかでオリンピック・パラリンピック教育がなされています。このオリパラ教育は、深いところで新しい天皇のイメージ作りとつながっているのではないでしょうか。

（二〇一七年一二月一六日、一橋大学）

3・11と「復興五輪」

百年たっても原子力緊急事態宣言は解除されない

小出裕章

二〇二〇年オリンピックは、安倍首相が二〇一三年九月八日にブエノスアイレスで開かれたＩＯＣの総会で「福島第一原子力発電所事故はアンダーコントロール」と言って日本に呼んでくることから始まりました。では、安倍さんがこんな発言をしたとき、福島原子力発電所はどんな状況にあったのでしょう。

安倍さんは嘘をついた

これは九月三日、安倍さんがブエノスアイレスに行く直前の放射能汚染水の状態です（図1）。原子炉建屋の中にあった炉心というウランの固まりが熔けてしまい、放射性物質が噴き出してくるので冷やさなくてはならない。その時点で、事故からすでに二年半ほど経っていましたが、毎日四〇〇トンの水を、炉心があったと思われる場所に向けて入れつづけていました。そのほかに地下水が毎日四〇〇トン、地震でボロボロになった原子炉建屋に流れこんでいる。合計八〇〇トンをタービン建屋からポンプで汲み上げ、四〇〇トン分は戻すことにしたのですが、残り四〇〇トン分はタンクに貯めていました。その量は、安倍さんがブエノスアイレスへ行った当時、すでに四三万トンを超える状態になっていたのです。

原発敷地の東側は海ですが、海の手前の敷地に井戸を掘ってその水の汚染を調べました。二〇一四年一〇月一三日、セシウム一三四は一リットルあたり六万一〇〇〇ベクレルで、環境に流せる基準値六〇ベクレルの千倍以上、セシウム一三七は一九万ベクレルで基準値九〇ベクレルの二千倍以上、全ベータ放射能測定では七八〇万ベクレルで（ストロンチウム九〇とすれば基準値三〇ベクレルの何十万倍の放射性物質が福島原発の地下に流れている。これは東電の公表値です。そしてこの場所は、毎日四〇〇トンから六〇〇トンの地下水が直接海に流れ出ている場所でした。「アンダーコントロール」どころか、どうにもならない状況が当時続いてい

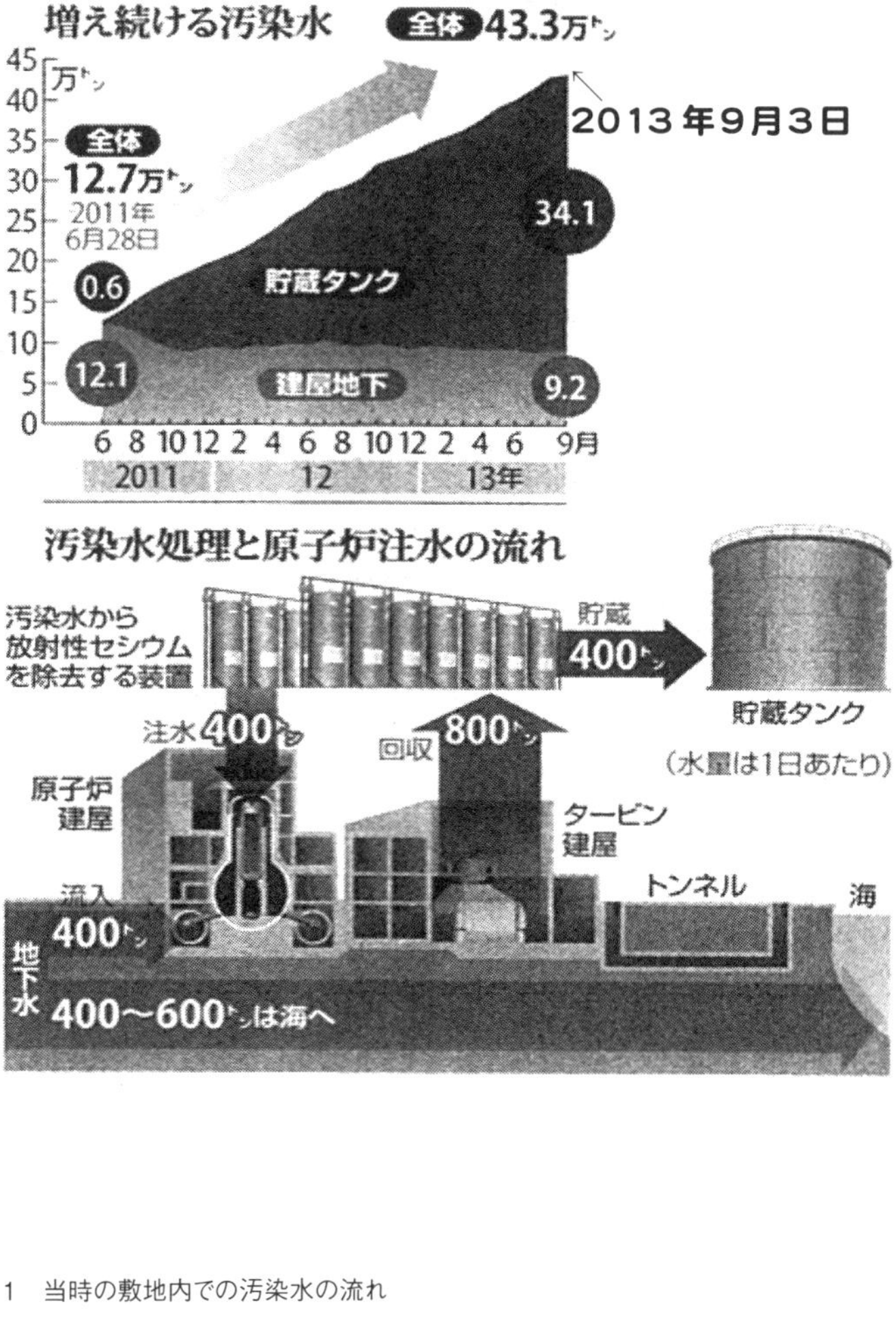

図１　当時の敷地内での汚染水の流れ

た。それなのに安倍さんは嘘をついた。

敷地内の苦闘は続いていて、熔け落ちた炉心が今どこに、どんな状態であるかさえわかりません。原発事故では現場に人間が行けば死んでしまう。東京電力はロボットを行かせようとしたわけですが、ロボットは被ばくに弱いのです。ロボットはコンピュータで動いています。そのコンピューターの命令は2進法と言われる言語で書かれており、0か1という言葉しかありません。ＩＣチップに放射線が飛びこむと、もともと0だったところが1になってしまう。あるいは1だったところが0になってしまう。あるいは消えてしまう。ということが起こり、命令が書き換わってしまいます。そのため、東京電力が送りこんだロボットはすべて討ち死にしてしまった。人間もロボットも入れない状況のまま、水を入れてこれ以上炉心を熔かさないようにしてきたわけですが、入れた水が放射能で汚れて汚染水になってしまう。安倍さんが嘘をついたときは四三万トンでしたが、今はすでに一〇〇万トンを超えた汚染水が福島原発敷地の中に貯まっています。それをもう海に流すしかない時が、だんだん近づいてきている。

不可能な収束へのロードマップ

今もたぶん毎日六〇〇〇人近い労働者が放射能と闘っている。そして最終的には、熔け落ちてしまった炉心の固まりであるデブリを始末しなければならない。国と東電がロードマップを作りました（**図2**）。一番左が彼らの想像する現状です。原子炉建屋の中に圧力容器と呼ばれる

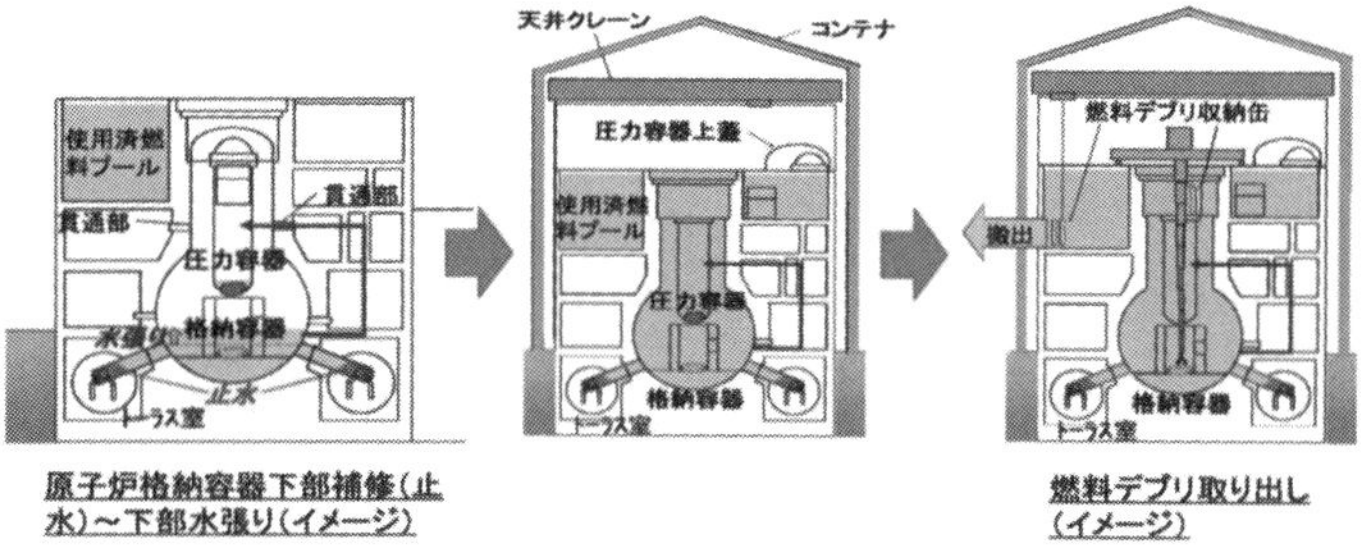

図2　国と東電のロードマップ。国と東電は熔け落ちた炉心をつかみ出し
30~40年で事故を収束させると言っていた。

鋼鉄製の圧力釜があり、その真ん中にあった炉心が熔けて圧力容器の底に落ちた、ということは確認されています。炉心にはウランを焼き固めた瀬戸物が入っていますが、その瀬戸物は二八〇〇度の高温でないと熔けません。約一〇〇トンもあるウランを固めた瀬戸物がみんな熔けて、熔け落ちたところは鋼鉄製の圧力釜ですが、鋼鉄は一四〇〇度から一五〇〇度になると熔ける。その釜の底に二八〇〇度を超えた瀬戸物が落ちてくると、お釜の底は抜けてしまい、さらに下に落ちたわけです。図にあるフラスコのような容器は、原子炉格納容器という、放射能を閉じ込める最後の防壁ですが、大量の放射能が漏れ出しているし、いくら水を入れても貯まらないほどに壊れています。

　落ちた炉心の固まりは、圧力容器の真下、格納容器の床にマンジュウのように貯まっているというのが国と東電の想像です。それならいつか上から覗いてつかみ出せるだろうと、彼らは考えました。しかしこれがむき出しに見えれば人間は死んでしまうから、格納容器の中に水を満たして放射線を遮蔽することで上から覗けるのではないかと。しかしこの格納容器はボロボロに壊れているので、水をいくら入れても貯まらない。国と東電の計画を実現するには、格納容器の壊れている所を探して修理しなければいけない。しかし今でもどこがどんなふうに壊れているかさえわからない。仮に見つけ出して修理できても、放射能を外に出さないためだけに設計された格納容器を水浸しにしたら、また壊れてしまうかもしれない。それも壊れないことにして彼らが思った通りにできたとすると、天井に特殊な装置をつけて、デブリという熔け落ちた炉心の固まりをつまみ出し、燃料デブリ収納缶に入れて搬出する。

でも搬出した後も放射能がなくなるわけではなく、猛烈な危険物を、これから先、何十万年間、なんとかしなければいけないのですから、本当は収束でもなんでもないのですが、国と東電は三〇年か四〇年で事故は収束すると、これまで言ってきました。しかし、この搬出すらもできない。国と東京電力は、熔け落ちた炉心が圧力容器の底に一部残っており、ほとんどは圧力容器の真下、格納容器の床にマンジュウのようにあると想定していたのですが、そんなことは絶対にありえない。

熔け落ちた炉心は外に出ていた

格納容器の中に圧力容器があって、その真下の床に圧力容器を支える構造物があります。コ

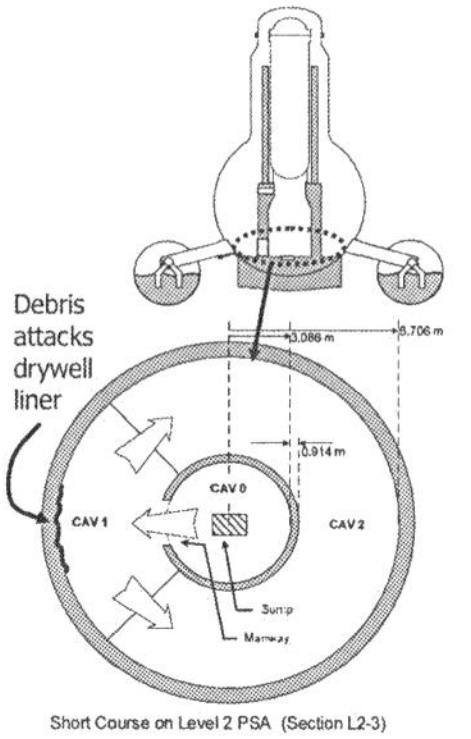

図3　熔け落ちた炉心は圧力容器直下のペデスタル内にマンジュウのように堆積している？ペデスタルには作業員が出入りするための通路があいている。

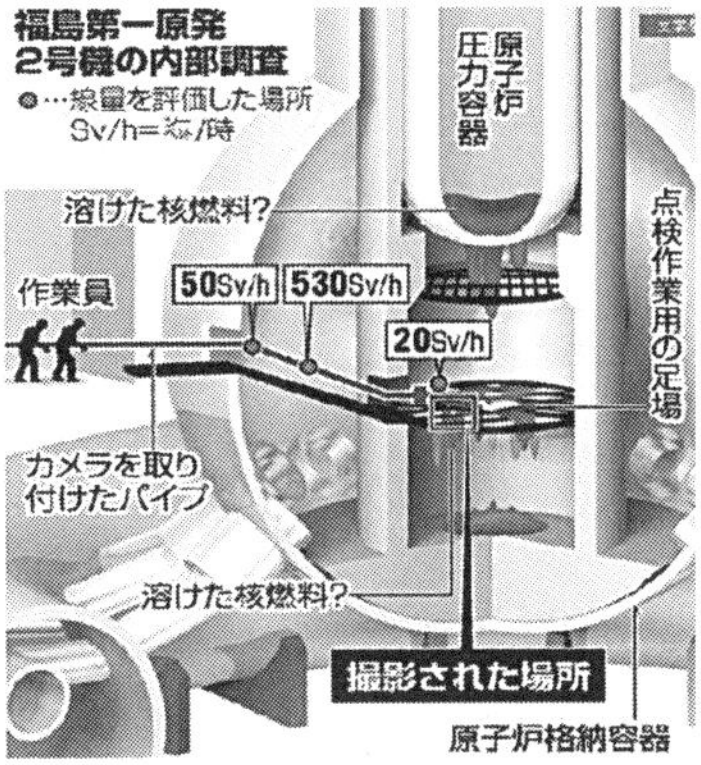

図4　福島第一原発2号機の内部調査。熔け落ちた炉心は、ペデスタルから外部に出ており、つかみ出すことはできない。100年後にも事故は収束できない。

ンクリートの壁のようなもので、ペデスタル（台座）といいます。その台座の上に圧力容器が乗っている。しかし、ペデスタルの中には定期検査のときに作業員が入るので、通路があいているのです（**図3**）。圧力容器から落ちてきたものがこの通路から外に出てしまうことを、私を含め、原子炉事故の専門家はずっと心配してきた。そして実際にそうなっていることがわかりました。

現場には人間もロボットも入れない。しかし、できることが一つある。胃カメラです。人間に使うものよりもずっとずっと長いものを作って、熔け落ちたあたりにそれを差し込むことができるなら、何かがわかるはずだと私は言ってきました。二〇一七年の二月、東電が二号機の原子炉でそれをやりました。これは格納容器の外側に作業員がいて、胃カメラのようなものをズズズッと差しこんでいる図です（**図4**）。最終的には圧力容器の真下まで入れることに成功しました。

この真下の部分には、作業員のための格子状の足場（グレーチング）があるのですが、それに大穴があいて、ベタベタと汚れていて、下に何か落ちてしまっている。つまり炉心がドロドロと落ちてきて、作業員の足場も下に熔け落ちていることがわかりました。そして実はもっと重要なことがわかった。胃カメラを格納容器の壁の内部を貫いた場所まで入れたら、一時間あたり五〇シーベルトという放射線が飛び交っている。ところがさらにもっと中に入り、ペデスタルの内部に入れたときには、一時間あたり二〇シーベルトで、むしろ減っているのです。いちばん高かったのは、格納容器の壁とペデスタルの壁の真ん中で、一時間あたり五三〇シーベルトもあった。つまり、熔け落ちた炉心はペデスタルの内部にあるのではなくて、外に出てしまっていることがわかったわけです。

石棺で百年覆っても収束しない

国と東京電力は、この圧力容器の上から覗いてつかみ出せると言っていたわけですが、もう絶対にできない。そのため、彼らはロードマップを撤回して、格納容器のどてっ腹に穴をあけて取りだそうというロードマップに書きかえました。しかし、もともとなぜ水を満たさなくてはいけなかったかと言えば、そうしなければ被ばく量が厖大で作業ができないからです。水も満たさないまま、どてっ腹から取り出そうなどとすると、労働者の被ばく量がどれだけ多くなってしまうかわからない。ではいったい何ができるのか。私は当面は石棺というものを造るしかない、と思っています。

一九八六年に旧ソ連のチェルノブイリ原子力発電所で大きな事故が起こりました。ソ連はそのとき、六〇万人から八〇万人ともいわれた労働者を集めて、猛烈な被ばくをしながらも、鋼鉄とコンクリート製の石棺を造りました。壊れてしまった原子炉建屋を覆うようにして、とにかく放射能が漏れてこないようにしようとしたわけです。しかし三〇年経ってこの石棺はボロボロになってしまい、ソ連は、この石棺全体をもっと大きな石棺で覆うということを、二〇一六年一一月に成し遂げました。ではこの第二石棺は何年間もつと彼らが考えているかというと、一〇〇年です。つまり、事故から三〇年間を石棺で頑張って、これから一〇〇年間を第二石棺で頑張るというのが、ソ連の考え方です。福島の場合も、たぶんこれしかできない。一〇〇年後、みなさん生きていますか？　今この会場にいる誰一人として、福島原発事故の収束を見ることなんてできない。そういう事故が今続いているということです。

広島原爆一六八発分の放射性物質

そして敷地の外には大量の放射性物質がまき散らされました。IAEA（国際原子力機関）という、国際的に原子力を進める団体があります。私は「悪の親玉」と呼んでいます。その団体に対して日本政府が、福島原発事故でどれだけの放射性物質を環境にばらまいたか、という報告書を出しました。ウランが核分裂してできる放射性物質はおよそ二〇〇種類あるのですが、そのうちでいちばん人間に対して危害を及ぼすだろうと私が考えているのがセシウム一三七です。広島原爆が爆発したとき大気中にまき散らされたセシウム一三七の放射能量は8.9×10^{13}ベクレルです。

日本国政府からIAEAへの報告書によると、福島原発一号機だけで広島原爆の六発分ぶんから七発分のセシウム一三七をばらまいた。いちばん大量にばらまいたのは二号機で、当日動いていた一号機、二号機、三号機を合わせると、大気中に放出したセシウム一三七だけで1.5×10^{16}ベクレルと、日本国政府は言っています。広島原爆の一六八発分になります。そして、放射能汚染水は手の打ちようがないまま海に流れてしまっていて、今もそれを止めることすらできない。

では、大気中にばらまいた放射性物質はどうなるか。上空の高いところは強い偏西風が吹いている。そのため福島第一原子力発電所から噴き出した放射性物質の大半は太平洋に向かって流れていった。でも地上ではいろんな風が吹いていて、あるときは南東から吹いてきて放射能の雲が北西に流れ、その場所で雨と雪が降った。放射能の雲がその雨と雪で洗い落とされて、猛烈な汚染地帯を作りだした。

とうてい人は住めないということで、国から避難しろといわれて、一〇万人を超す人たちがふるさとを追われました。飼っていた犬も猫も棄て、手荷物だけ持って避難した。酪農家・畜産家は牛も馬も棄てて避難した。そして避難したら最後、帰れない。しばらくの間は体育館、しばらくして仮設住宅、もうしばらくすると災害復興住宅。その間に家族もみんなバラバラになってしまう。もう汚染が少なくなったから帰れ、という指示を国が出している地域もある。一度はわずかながら出した住宅の手当をも廃止してどんどん戻れという。しかし、こんな汚染地帯に人が戻れるわけがなくて、生活が崩壊してしまう。

緊急事態宣言で放射線管理区域なみの被ばくを許容

私は二〇一五年に京都大学原子炉実験所を定年退職しました。それまで私は、原子炉のある職場で放射能を扱いながら仕事をしてきた人間です。放射能は危険です。放射線管理区域という場所以外では放射能を使ってはいけないという日本の法律があります。放射線管理区域には、私のような特殊な仕事をする人間しか入ることを許されません。でも、その私にしても、入ったとたんに水を飲むこと、食べること、寝ることを禁じられる。トイレもありません。実験で手足、衣類が汚れていないか計らないかぎり、出口のドアは開かないシステムです。汚れたまま管理区域を出れば、普通の人たちを被ばくさせてしまうからです。どこまでの汚染ならば管理区域の外に出られるかというと、一平方メートルあたり四万ベクレルです。私の実験着の放射能がそれを超えていれば、私はそれをその場で脱いで放射能のゴミとして捨てるしかなかった。手が汚れていれば、除染室で汚れを落とさないかぎりはドアが開かない。

一平方メートルあたり四万ベクレルを超えるものは管理区域の外側にあってはならない、というのが法律です。しかし、日本政府が作った汚染地図（http://warp.da.ndl.go.jp/info:ndljp/pid/8974688//radioactivity.nsr.go.jp/ja/contents/5000/4900/24/1910_1125_2.pdf）によれば、福島県の東半分を中心にして、宮城県と茨城県の南部・北部、さらに、栃木県、群馬県の北半分、千葉県の北部、岩手県、新潟県、埼玉県と東京都の一部地域が、放射線管理区域にしなければならない汚染を受けた。六万ベクレルをはるかに超えた汚染もある。

でも、この地図を作った日本政府は、これほどひどい汚染ならもうどうしようもない、ということにしたのです。日本は法治国家だと言われてきました。法律をつくった国にとって、自分が作った法理を守るのは最低限の義務です。普通の人たちには一年間に一ミリシーベルト以上の被ばくをさせてはいけないという法律もありました。でも、あまりにもひどい事故でした。

事故の責任は、まずは東京電力にあると思いますけれども、東京電力を原子力発電に引きずりこんで、お前の原子炉は安全だから運転していいよと許可を出したのは日本の国ですから、私は最大の犯罪者は国だと思っています。その国は、現在は緊急事態だから法律を守らないと言った。特措法をたくさん作って、人々が被ばくしてもいいということにしてしまった。

その原子力緊急事態宣言は、あの事故が起きた日、二〇一一年三月一一日に発令されました。それが今も解除されていないのです。マスコミは一言も言わないので、みなさんもほとんど気づいていないと思いますが、原子力緊急事態宣言は今も続いているのです。これを出さざるをえなかった、そして解除できない最大の原因は、セシウム一三七という放射性物質にあります。これは三〇年たってやっと半分に減るというほど長い寿命をもっています。一〇〇年たてば一〇分の一に減りますが、それでも広大な地域が、まだ管理区域の基準を超えているのです。つまり、この国は今後一〇〇年たっても原子力緊急事態宣言下にある。今生きている誰一人として緊急事態宣言解除をみることはできない。

誰も責任をとらない

「原子力ムラ」――国を頂点として電力会社、原子力産業、マスコミも裁判所も、みんながグルになって原子力を推進してきた組織――がこれまで五七基の原子力発電所を造りました。そのすべては、自由民主党が政権を持っていたときに安全性を確認したと言って認可した。そしてみんなが金儲けのために、そのまわりに群がった。もちろん福島原子力発電所も認可されたわけですが、その原子炉が事故を起こしました。でも、誰一人として責任をとっていない。東京電力の会長、社長以下、誰も処罰されていません。安全だとお墨付きを与えた専門家も、政治家も、官僚も。誰も責任をとらない。

私が福島第一原子力発電所の事故から学んだ教訓は、原発が事故を起こせば大変なことになるから即刻すべてを廃絶しなければいけない、ということでした。しかし、彼らが得た教訓はぜんぜん違った。どんな大事故を起こしても、誰も責任をとらずにすむ、電力会社は倒産もしない、ということを、彼らは学んだのです。そうなれば恐いものは何もない、再稼働する、また事故を起こしても誰も責任をとらなくていいのだ、と。本当にひどい国だと私は思います。これから原子力発電所の事故を防ごうと思えば、とにかく彼らを処罰しなければいけない。まっさきにこれをやるべきだと私は思います。

原子力緊急事態宣言を根拠に、本当なら放射線管理区域にしなければいけない汚染地に何百万人もの人々が棄てられています。毎日被ばくしながら生活するしかない状態に落としこめられたままです。マスコミもそれを言わない。彼ら、原子力マフィアが今やっていることは、福島の事故を忘れさせてしまおうということなのです。そのための彼らの主要なやり口はオリンピックです。

これからマスコミでもなんでもオリンピックに流れていって、お祭りだ、とにかく楽しい、オリンピックでお祝いしよう、ということになっていくようにみえます。オリンピックに反対すると「非国民」と呼ばれるときがくるのではないか。けれども、いま本当にやらなければいけないことは、福島第一原子力発電所の事故をなんとか少しでも早く収束させること、苦しんでいる人たちを救済することだと私は思います。それをやらないままオリンピックだなどということであれば、私はそれに反対して、喜んで「非国民」になりたいと思います。

終わらない福島原発事故と被害者の現状

佐藤和良

安倍晋三首相が「アンダーコントロール」と言ってオリンピック招致が決まった次の日が、福島原発告訴団の刑事告訴に不起訴処分が出た日なのです。私たちは二〇一二年、福島地方検察庁に三三人を告訴告発したのですが、一三年九月九日、東京地検に事件が移送され、全国一万四千人の集団告訴告発に対する最初の検察庁の処分が全員不起訴。招致決定で万歳する映像が日本で広まっていました。

放射性物質の大気放出、汚染水、被ばく労働

二〇一一年3・11の福島原発震災はけっきょく終わらない事故です。現在でも一、四号機から大気中に放射性物質が毎時九万ベクレル放出されている（一六年四月から一七年三月の平均。東

電の評価値）。また汚染水の海洋放出の問題もあります。一〇〇万トンの汚染水が貯槽タンクにたまっている。地下水を地下水バイパス、あるいはサブドレンという井戸で汲み上げている。さらにアンダーコントロールという国際的フェイクのために凍土遮水壁を三四〇億円もかけて作ってごまかしを図る。一、二号機の排気筒の腐食による倒壊問題も続いている。また事故収束作業のために最低でも五〇〇〇人の労働者が被ばくしながら厳しい多重労務構造下で労働を強いられています。

多核種除去設備で汚染水から六二種類の核種を取り除いたとしても、トリチウムやコバルトなど取れないものがある。けっきょく一番安上がりの方法で処理していくために、汚染水を海洋放出するというのがいまの原子力規制委員会の更田豊志委員長の方針ですが、これは私たちとしては何としてもやめさせたい。福島県漁連はじめ全漁連もトリチウムの海洋放出には反対、いわき市長もこういうかたちで放出するのは困ると、それぞれ更田委員長に申し入れています。

隠ぺいが大量被ばくに結果した

最初に原発が爆発したときから国は国民を守らない、被災者被害者を守らないという一貫した姿勢で、福島を中心とした東日本の人びとに対する棄民政策を積み上げてきました。私たちは、放射能による長期の低線量被ばくのモルモットになっているような状況だと感じています。福島復興再生特別措置法がつくられて、オリンピックも復興の一つだといわれていますが、ハード面の経済優先の復興は進んできましたけれども、健康で文化的な生活を送る権利や、移動の自由は保障されてこなかったと私は思っております。

政府は初期被ばくのときからSPEEDI（緊急時迅速放射能影響予測ネットワークシステム）の情報を隠し、飯館村などは、六月まで避難指示を出さないで、いらぬ被ばくをしてしまった。それから新潟県の検証委員会で、東京電力の炉心溶融マニュアルがあったことが初めてわかって公表されました（福島県が検証していないのも問題なのですが）。このマニュアルに沿って事故処理にあたっていれば、あんなふうに水素爆発が起きるというところまで行かなかったのではないかと言われるほどです。先日NHKで、事故当時の中央操作室の対策本部を描いた番組をやっていて、亡くなった大杉漣さんの演じた吉田昌郎所長が英雄視されていましたが、実はまったくマニュアルを無視した対応だったわけです。けっきょく事故情報をずっと隠ぺいしてきたことが大量被ばくに結果している。

いま福島県内で「被ばく」などと言うことは、唇寒しなのです。つまりは長期の低線量被ばくの強要。震災前は原発の安全神話で、五重の壁で守られているから安全だと言いつづけ、いまや放射能は笑って暮らせば大丈夫、余計な心配をして被ばくなどと言っているから具合が悪くなるのだ、と言っている。専門家やジャーナリストの顔をした人がネット上で、福島県人はそんなに心配する必要がないと言ったり、被ばくや甲状腺がんを警告する人に罵声を浴びせかけたりする。国際的な原子力マフィアと原子力ムラが一体となった安全キャンペーンのるつぼに福島県民が落としこめられているという現状です。ですから福島県民を救い出すために全国から声をあげてほしいと思うのです。避難を選択するか、帰還するか、とどまってそこで暮らすか、という一人一人の選択権が保障されて初めて人権が守られていくのだと思います。

被災者の声をかき消そうとする「復興五輪」

いまや、年間追加被ばく線量二〇ミリシーベルト以下は帰還せよということで、被ばくは耐え忍びなさい、我慢しなさいと言われています。これもあの「アンダーコントロール」の二〇一三年がターニングポイントになっているのです。審議会が二〇ミリシーベルト以下の帰還政策をまとめ、一四年、一五年は復興の加速が進んできました。復興五輪と銘打って被災者をだまし、国民を動員し、福島原発事故の隠ぺいを図る、事故自体をなかったものにしてしまう。二〇二〇年までに避難者はいないようにする、被災者の声はかき消される、というのが五輪招致の中身であったのではないかと思います。国際的な虚言発言で「汚染水はアンダーコントロール」「〇・三キロ以内はブロックしている」と言った。「専用港自体はブロックしている」と言うのですが、専用港の海水は二日くらいで入れ替わるのですから、どこがブロックしているのだ、というのが事実です。これは国家による悪辣な事故隠ぺいに他ならないと思います。

強引な帰還政策と経済優先の復興施策で、二〇一七年の三月に、避難指示が出ていない区域の自主避難者といわれる人たちへの住宅無償提供が打ち切られました。そうでなくとも福島県から自主避難する場合は、お父さんは仕事があるから残る、お母さんと子どもだけで避難してくださいというところもいっぱいありました。離婚されたり、離婚後やっていけない人もいて、貧困の淵に落ち込んだり自死してしまったりすることがいっぱいあるわけです。震災関連死として数千人が数えられていますが、それ以上の方が避難をして亡くなっているので、三月一一日だけをメモリアル・デーにしてはならないというのがいまの実感です。

二〇一七年の三月で年間積算放射線量が二〇ミリシーベルトから五〇ミリシーベルトの間まで居住制限区域を解除してしまいました。まだ解除されていない五〇ミリシーベルト以上の帰還困難区域にも特定復興再生拠点区域（双葉町の駅前や大熊町の新しい役場を作る所）を決めて集中的に除染して、そこを足がかりに帰還させていき、二〇二〇年には避難者も避難区域もないことにしたいというのが復興の加速の実態です。営業損害の賠償は一六年の二月で打ち切られて、あとは個別交渉という状況になっています。

精神的損害賠償と県民健康調査の問題点

人の生きる基盤を根こそぎ奪い去ってしまうのが原発事故です。精神的な損害賠償も、避難解除されたところから順次打ち切られていく。復興の名の下に人びとの故郷もくらしも根絶やしにされていくというのが実態です。最初に避難解除された広野町は帰っている人が七割から八割になっていますが、除染作業や復興関連産業に携わる人たちが新住民として増えているという構造もあるのです。除染マネーが中央のゼネコンに吸い上げられていますし、廃棄物の焼却が二次汚染を心配されるなかで強行され続けています。中間貯蔵施設の建設もなかなか進まないなか、徐々に土地の買収も進んできてはいます。そして二〇二〇年までには常磐線を全線開通させる。

いま統計上は五万数千人しか避難していないことになっていますが、実際は故郷を追われた避難者は一〇万人くらいいると私は見ています。政府統計では、福島現地で仮設や復興住宅から出てしまうとその人は避難者ではないというカウントですから、いかに欺瞞《ぎまん》的か。「汚染地に暮らす一八七万の福島県民」といわれますが、震災前は二百万県民と言っていましたから、県内避難も含め一〇万くらいは避難者となっている。また政府は精神的損害賠償の額に差をつけて避難者と受け入れ側との軋轢《あつれき》をつくって被災者の分断の種をまいています。分断支配のセオリー通り国は被災者に対応している。

本来なら広域自治体の福島県は住民や被災者被害者の盾にならないといけないのに、国に追従して避難させずに除染だけさせる。除染も結局は移染で、移動しないところは埋めているだけ。一九六〇年代に原発を誘致して以来、福島県の体質は変わらない。ずっと国に追従してきた。

県民健康調査も、治療しない疫学調査ということでやっているにすぎない。いまや学校での検査をやめるだとか、大学の先生が検討会で、小児甲状腺がんはスクーリング効果（急に広く検査をすることで発見率が上がる）で多発となっているのだから検診はもうやめろというようなことを言って、福島県も国もそういう方向にもっていきたがっている。ところがお母さん方も学校の先生方も、学校検診はつづけていかなければと言う。いまや小児甲状腺がんの疑いや認定が増え、また急性心筋梗塞の死亡率が福島県は全国一になってしまった。やはり健康への影響は計り知れないものがある。

だから原子力ムラがなんと言おうと、甲状腺がん検診の縮小を止めないと、子どもたちの健康は守っていけない。むしろ国がきちんと医療保障を制度としてつくっていく必要があると思います。福島県をはじめとする東日本の汚染地帯（汚染区域は関東にもあります）の住民すべてに健康手帳を配布し、どこにいってもきちんと医療を受けられて、将来発症した時や働けなくなった時にも国が保証する社会保障制度を確立していかないと、この原発事故による被災者被害者は救われない。

分断に抗い手をつなぐ、裁判での責任追及

今年に入って損害賠償請求の一審判決が出て、東電と国の責任を認めることが定着してきていますが、賠償額が低額で、まだ一審段階の闘いが続いています。また福島原発事故の被害者

団体連絡会「ひだんれん」で県や国と自主交渉をしています。

そして福島原発告訴団を二〇一二年三月にたちあげ、六月に福島地方検察庁に告訴告発して、秋には全国一万四六〇〇人を超える集団告訴を行いました。これ自体は、冒頭で申し上げたように、翌年の九月に東京地検に移送されて不起訴処分になりましたが、検察審査会に申し立て、一四年の七月に東京第五検察審査会が三名の起訴相当を議決。三三人を告訴したのですが、東電の勝俣恒久・元会長と、武黒一郎、武藤栄の副社長二人だけが一六年二月に強制起訴になりました。ようやく責任を取らせる土俵に上がったというわけです。

津波のシミュレーションが二〇〇八年にできていたと東電の社員が証言しています。東電の子会社が防潮堤や津波のシミュレーションを行っており、一五・七メートルの大津波が来ることを予見していて、防潮堤をつくることによって結果も回避できたのだということが明らかになってきています。裁判の争点は、東電役員は災害の結果を具体的に予見し、対策まで検討しながら、対策のコストと原子炉運転停止のリスクという経済的な理由から、いったんやると決めていた方針を転換して対策を先送りしたという事実がある、ということです。そしてこれは普通の業務上過失致死傷事件で、難しい話ではない、というのが私たちの弁護団の主張です（裁判は一九年三月に結審。判決は九月一九日）。

今後ともトリチウムの海洋放出反対や小児甲状腺がんの支援、あるいは原発事故子ども被災者支援法の具体的施策、たとえば検診や医療費の減免などの要望・要求の請願などもやっていきます。被ばくをより少なく抑える、いのちを守る、放射能の恐怖から解放され、自由な、健康で文化的な生活を営む権利の保障。被ばく者健康手帳の交付、健康診断・健康被害の予防・治療を国の責任で行わせるなど、原発事故被ばく者援護法の制定も目標に長期的にやっていくべきではないかと考えています。

脱原発については、五年とか三年とかの中長期的目標にするのではなく、即時・無条件の原発停止と廃止をすべきではないかと思います。

質疑応答

――福島の皆さんはオリンピックについてどう思っておられるのでしょうか。

佐藤 洪水のように「オリパラオリパラ」と言われています。行政も絡んで聖火リレーをやると言って上から被せてくる。それに便乗していろんなことをやろうという層はいる。普通の人たちは、そうは言っても、単純に白か黒かを言えないというのが現状ではないかと思います。復興五輪と言っても本当はどうなのよ、というのが本音だと思いますが、表向きはそうは言えない、物言えば唇寒しなのです。

――小出さんは、国や東電がギブアップして石棺化を判断するのはいつごろになると思われますか。

小出 国と東電は、熔け落ちた炉心をいつの時点かで搬出する、それが収束だという話ですが、搬出しても放射能はなくなりません。国と東電は福島原発から搬出する、福島県から持ち出すと言い、福島県としては、あそこを墓場にすることは到底認められないと言いつづけて、駆け引きがいまだに続いています。何年か前に、国際廃炉研究開発機構という組織の理事長が、石棺という選択肢があると発言したのですが、そのとたんに福島県から猛烈な抗議があり、発言そのものを撤回させられてしまいました。搬出は不可能で、石棺化して囲いこむほかないのですが、それが言いだせないまま何年も過ぎてきた。三〇～四〇年で収束と言っていたわけですが、絶対に収束できませんので、いつの時点かで言いだすだろうと私は思っていますが、いつになるかはわかりません。

ただし石棺化自体が途方もなく難しいことです。チェルノブイリで爆発したのは一基だけですが、福島では三基爆発している。チェルノブイリでは地上部分で爆発して原子炉建屋が壊れましたが、地下部分は健全性を保ったのです。福島の場合は地上が破壊されているし、地下が地震でぼろぼろに壊れて地下水が流れこんでいる。福島で放射能を囲い込んで閉じ込めるためには、石棺を地上部分と地下部分それぞれ三基分つくらないといけない。チェルノブイリの石棺に比べたらはるかに難しいし、時間がかかるし、そのための作業で労働者の被ばくが増えていくと思います。

――石棺化をしても、デブリがある以上、水で冷やしつづける必要があるのでしょうか。

小出 放射線はエネルギーの塊なので、そこにあるかぎりは発熱をしている。しかし放射性物質のうち寿命の短いものはどんどん減っていて、事故直後の発熱量からみると、すでに数百分の一に減っている。熔け落ちた炉心が発熱している部分には、これまで水をかけつづけてきて、かけた水が放射能汚染水になってしまっている。私はもう水はかけてはいけないと数年前から言っています。水による冷却はあきらめて、以前は金属での冷却を提案し、最近は空冷が可能だと言っている。巨大な原子炉建屋や格納容器を空気で冷やすような方策は可能だと思います。たとえばチェルノブイリの場合、熔け落ちた炉心は地下に流れていって、私たちが「象の足」と呼ぶ、溶岩が固まるような形で残っています。地下空間が広大で、外部への放熱ができているので、それ以上は熔けない状態でもっている。福島の原子力発電所も、石棺のかたちで地上と地下の部分を隔離できれば、冷却は可能だと思います。

――佐藤さんにお聞きしたいことがあります。風評被害で売れなくても帰って耕作しつづけないと補償金が出ないという仕組み。福島のものを食べようと生協までが進めるなか、農のあり方まで国家が総動員で東京オリンピックにつなげている現実について。農民の苦悩、復興のストレスなど。

佐藤　実はおっしゃる通りなのです。汚染地帯で生きるとはどういうことなのか。ほぼ東日本全体がグラデーション的に汚染された3・11以降、有機農業を震災前にやっていた人、いちばん土に根ざして作物を育ててきた人が、矛盾のるつぼに叩きこまれている。自死した方もいる。現状のシステムに従い全量全袋検査をやって出荷するということも含めて、それぞれに自分の生業と向きあってきた。それなのに、全量全袋検査をやめてサンプル検査に代えようという動きがあります。消費者サイドは全量全袋検査があるから安心し、それが一定の担保になっている部分があるのです。それを無視して県はことを進めようとしている。原子力規制委員会は、実際には規制「緩和」委員会なのです。

（二〇一八年三月三一日、文京区民センター）

オリンピック至上主義vs市民のためのスポーツ

スポーツの主役は誰か

谷口源太郎

東京オリンピックを招致してから、やたら流行っているのが「アスリート・ファースト」という言葉です。こんな言葉は過去にはなかったのですが、わざわざ使うということは、そういう扱いをされてこなかったからでしょう。ではテレビに出てくる選手たちがスポーツの主役だと断定していいのでしょうか。これには大いに疑問があります。ほかにスポーツの主役はいる。きょうは歴史的にスポーツがどう位置づけられてきたのかを検証するなかから、それを浮き彫りにしたいと思います。

戦前の体育から戦後の国体、オリンピックへ

戦前のスポーツは惨憺《さんたん》たる在り方でした。体育スポーツは明治維新以来、「西欧に追いつき追いこせ」との考えのもとに学校にとりこまれ、大学スポーツを中心にしてエリート化していき、最後は軍国主義にとりこまれる。戦争を背景にして、陸軍大臣の東条英樹が総理大臣に就任するとともにスポーツ界のトップ、大日本体育会の会長にもなり、戦争遂行、強兵のための訓練を積極的に進めた。スポーツ界がその流れにのみこまれるというか、帝国主義戦争に積極的に加担していく。では敗戦を受けとめて、戦後のスポーツはどうスタートしたのか。

戦後すぐ、大日本体育会の清瀬三郎理事長が「今後日本の進むべきスポーツは大衆にねざしたものでなければならない。そこでスポーツに科学性を付与してその健全な発達を促し、大衆が安心して親しめるスポーツにしなければならぬと考える」と書きました（『新体育』一九四六年八・九月号）。これはまさに大衆スポーツ化の宣言。日本の戦後のスポーツがどうあるべきかを最初に指摘した言葉です。優秀選手の養成に偏重した戦前のスポーツの在り方を否定して、これからのスポーツの主役は大衆なのだと。その意味あいは画期的ではあったのですが、では戦前、自分たちはそれをどう抑圧し戦争に加担したかを自己反省しているのか、という疑問の声が出ました。

大日本体育会は大衆のためのスポーツを前提にして、一九四六年に第一回国民体育大会を開く。開会宣言で「今やスポーツは個人の自由とともに再び解放されました」などと言われたのですが、戦前の無責任さを自己批判せずに、敗戦によって出てきた民主や平和の流れに乗っているだけ、という薄っぺらさもあった。これはすぐにばれます。四七年の第二回国体には、早々と天皇が臨席して、日の丸・君が代が出てくる。国民のためのスポーツといいながら、天皇行事になってしまった。

それに輪をかけたのがオリンピック至上主義です。それを先導したのが田畑政治氏。朝日新聞の重役で、戦前から日本の水泳界のリーダーで、四六年、日本水泳連盟会長に就任した。彼はクーベルタン信奉者で、六四年の東京オリンピック招致をＪＯＣ総務主事として主導しました。オリンピックでどれだけの成績をあげられるかにスポーツの価値観を集約する流れができてくる。

国民のための「スポーツ振興法」がオリンピック支援法に

ところがそういう流れに対して、そうではないのではないかと思わせることが起きたのが一九六一年です。東京オリンピックの三年前。オリンピック招致が決まったのが五九年で、安保闘争が盛り上がりつつあったときです。日米安保改定が成立してしまった後の六一年に、国が初めてのスポーツに関する法律、「スポーツ振興法」をつくります。議員立法でした。

これは画期的なのではないかという評価がいっぽうであった。スポーツ振興法の第一条には「この法律は、スポーツの振興に関する施策の基本を明らかにし、もって国民の心身の健全な発達と明るく豊かな国民生活の形成に寄与することを目的とする」とうたって、「この法律の運用に当たっては、スポーツをすることを国民に強制し、又はスポーツを前項の目的以外の目的のために利用することがあってはならない」と。国民のためのスポーツ振興を初めて公的にバックアップする、ととれる。

ところが問題なのは第一四条です。「国及び地方公共団体は、わが国のスポーツの水準を国際的に高いものにするため、必要な措置を講ずるよう努めなければならない」。これこそが振興法の真の狙いだった。つまり東京オリンピックで国威発揚をめざす。すべての国民のためにあるはずの法律が、オリンピック支援法になってしまう。地方公共団体だけでなく企業、学校も選手強化のために総動員されていく。そのための重要な拠点が自衛隊体育学校の特別強化班です。

この法律を背景にして、日本は東京オリンピックで第三位のメダル獲得という予想以上の成績をあげる。そのことで、オリンピックでメダルをとる以外に価値はないという方向にいってしまう。東京オリンピックまでに積み上げた財産を、一般の人たちのスポーツ振興につなげていくのではなく、くいつぶしていく。「東京オリンピックでできたのは、底がきちんとしたところに頂点が形成されるピラミッドではなく、煙突だ」といわれます。頂点を支える裾野がないから、煙突をつくっても必ず折れる。それでスポーツの振興は果たせるのか、ということは問われることなく時が過ぎていきます。

西ドイツ「ゴールデン・プラン」の画期性

いっぽうヨーロッパでは、一九六〇年代、七〇年代に、戦争に対する反省をこめて、ナチスドイツを典型とする政治がスポーツをのみこんだ苦い体験をいかに克服するかという方向で、政治から自立して国民のためのスポーツを振興しようという動きが起きてきました。そのなかでいちばん大きな影響を与えたのが、西ドイツの「ゴールデン・プラン」です。

西ドイツでは一九六〇年に「第二の道」という国民スポーツ振興のための運動が始まります。初めに体操を中心としたクラブが門戸を開放して、いろいろな人たちが参加するかたちにしていく。基本的な考え方は「パートナーシップの原則」です。スポーツ施設をつくるには政府の財政援助が必要ですが、政治は、援助はするけれども支配はしない。いっぽうスポーツ団体は、公共の福祉のための運動を展開し、政治党派には与《くみ》しない。「第二の道」は、いろいろな特定種目のクラブが次々に門戸を開いていくと同時に、母子や高齢者をターゲットに短期間コースをつくっていく。七〇年代になると、総合型スポーツクラブへの転換を進める。

この「第二の道」にこたえて公共施設を建設するために作られたのがゴールデン・プランです。これを主導したドイツ・オリンピック協会（オリンピック委員会とはちがう組織）が声明を出す。「保養施設、遊戯およびスポーツ施設の建設・整備は、ドイツ国民の健康増進ならびに健康保持の前提である。ここで問題となるのは、『スポーツ』ではない。選手をつくったり、新記録を出したり、メダルを獲得しようなどということではない。子どもの遊戯、学校における体育、および勤労者の保養に関することなのである」。体育学者やスポーツ研究者はもちろん、医者や建築家、都市工学者、ドイツの都市会議と協力して四カ年、五五〇〇億円のゴールデン・プランを立てた。

たとえば「五〇〇〇人以上の住民をもつ地域の保養・遊戯・スポーツ等のレクリエーション施設建設基準」の「三〜六歳の子どもの遊技場」は、「居住地区の中に作って、危険から子どもを守らねばならない」。「住民数と面積」では、「一ヘクタール二五〇人の密集地では、住民一人に〇・五平方メートル」など。年齢別の子どもたちに対応して、細かい規定をしている。

一般の人たちの身体活動やスポーツを、生活の豊かさにつなげていくことをめざした計画です。「第二の道」と「ゴールデン・プラン」があいまって、ドイツでの国民スポーツの振興・普及が画期的な展開をみせていった。これにヨーロッパや日本も大きな影響を受けた。

七二年「保健体育審議会」答申とその挫折

日本では一九七二年に、文部大臣の諮問機関である「保健体育審議会」が答申「体育・スポーツの普及振興に関する基本方針について」を出します。学者のあいだで、日本のスポーツ政策における唯一の宝物だと評価されています。

「これまでの体育・スポーツは学校を中心に発達し、また、選手を中心とする高度なスポーツの振興に重点がおかれ、一般社会における体育・スポーツを振興するにいたらず、今や広く国民の要請に応じ得ない状況にある」

「このような現状を打破し、長期的な展望に立って、すべての国民が、いわゆる生涯体育を実践できるような諸条件を整備するための基本方針を樹立し、真剣にその実践に取り組むべきである」

それでゴールデン・プランと同じように、たとえば「人口一万人の規模の場合、面積一〇、〇〇〇㎡の運動広場一カ所」と、具体的に施設の規模を出して取り組む。公共スポーツ施設建設の基準を国が出したのはこれが初めてです。これが順調に進んでいれば、地域のスポーツ環境は充実したはずです。オリンピック至上主義をちょっと横において、流れを変えるはずの答申だった。

ところがこれをつぶしたのが一九八二年に首相に就任した中曽根康弘です。八七年の臨時教育審議会第三次答申で「競技スポーツにおける成果は、国民一般、とくに青少年のスポーツに対する意欲をかきたて、スポーツ活動の普及・振興に好ましい影響をもたらすとともに、民族・社会の活力を増大させる」とされました。同じ年、私的諮問機関「スポーツの振興に関する懇談会」に、経済大国にふさわしいスポーツ強国をつくれ、と投げかける。これが竹下登首相に受け継がれ、八八年の報告書で「国際競技力の向上は、国の重要な政策課題である」と、オリンピック至上主義にあらためてアクセルを入れ、選手強化のため日本体育協会やJOCに巨額の国庫補助金がつぎこまれていく。

「民活」による公共施設頓挫と市民スポーツの抵抗

七二年の答申は骨ぬきにされ、地方公共施設の充実は頓挫する。答申への数合せのように増えたのはゲートボール場だけ。公共施設にお金を出す財政的余裕がなくなったので民間活力(民活)を利用しましょうと。それで企業が参入し、雨後の筍のごとくスポーツクラブができるのですが、利益のために投資するのですから、公共施設とは根本的に異なります。入会金何百万円というところもある。イギリスでも、サッチャー首相が財政をきりつめ「小さな政府」にするため公共スポーツ施設がつぶされていく。

それでも市民のためのスポーツがなくなったわけではなくて、自分たちで組織をつくって。いろいろな活動が行われた。秋田大学の伊藤恵造さんが神戸市垂水区のスポーツクラブをフォローしています。

垂水区団地スポーツ協会は一九六九年に結成され、自治会ではなく任意団体が公園の管理をしている。伊藤さんによれば、「メンバーが居住地にしばられる自治会に対して、スポーツクラブメンバーの居住地に地理的制限はない。団地の高齢化の影響をダイレクトに受けてしまう自治会組織に対して、スポーツクラブには常に新しく若いメンバーが加入している。メンバーの高齢化を理由に多くの自治会が公園の管理権を神戸市に返還しているのに対して、このスポーツクラブが管理を担う公園では若いメンバーを巻き込みつつ悪戦苦闘しながらも活動が維持されている」。

九五年の阪神淡路大震災では、建物にヒビが入り、公園に仮設住宅が造られて、活動をストップせざるをえない期間がありました。二〇一七年三月現在で会員数は一〇二五名。スタートしたころからは半分に減っていますが、現在も活動はつづいています。

二〇〇〇年「スポーツ振興基本計画」の帰趨

六一年のスポーツ振興法には、具体的な計画を立てなければならないと規定されていましたが、手つかずで、四〇年ぶり、二〇〇〇年に文部省が「スポーツ振興基本計画」を告示しました。

その「生涯スポーツ社会の実現に向けた、地域におけるスポーツ環境の整備充実方策」は、「政策目標① 国民の誰もが、それぞれの体力や年齢、技術、興味・目的に応じて、いつでも、どこでも、いつまでもスポーツに親しむことができる生涯スポーツ社会を実現する。② その目標として、できるかぎり早期に、成人の週一回以上のスポーツ実施率が二人に一人（五〇パーセント）となることを目指す」。その具体化として、「二〇一〇年までに全国の各市区町村において少なくとも一つは総合型地域スポーツクラブを育成する」、「二〇一〇年までに各都道府県において少なくとも一つは広域スポーツセンターを育成する」。

　実はこれよりも大事なのが「我が国の国際競技力の総合的な向上方策」です。「政策目標①オリンピック競技大会をはじめとする国際競技大会における我が国のトップレベルの競技者の活躍は、国民に夢や感動を与え、明るく活力ある社会の形成に寄与することから、こうした大会で活躍できる競技者の育成・強化を積極的に推進する。② 具体的には、一九九六年のアトランタ夏季オリンピック競技大会において我が国のメダル獲得率が一・七パーセントまで低下したことを踏まえ、我が国のトップレベルの競技者の育成・強化のための諸施策を総合的・計画的に推進し、早期にメダル獲得率が倍増し、夏季・冬季合わせて三・五パーセントとなることを目指す」。それで二〇〇四年のアテネ・オリンピックで三・七パーセントを獲得して目標を達成し（実は冬季を入れるとできていないのですが）、それが「二〇二〇年の東京オリンピックでメダル三〇個、世界三位以内」という目標につながる。

　総合型地域スポーツクラブの全国展開のために、日本体育協会（現在は日本スポーツ協会）を通じて補助金を出して、三年間は無料で加入できるようにする。立ち上げるときは無料だから集まるけれど、三年たつと有料になる。するとみんな去っていく。垂水区スポーツ協会のように住民たちが主体的につくりあげていくものではありません。指導者も足りないし、かたちばかりできても、国民のだれもがかかわるような土壌はつくれていない。対照的にメダル獲得率を柱にしてオリンピックで成果をあげることが最重要視され重点的に取り組まれています。

期待された「スポーツ基本法」の正体

ヨーロッパでは大きな動きがあります。ひとつは一九七五年「ヨーロッパ・みんなのためのスポーツ憲章」。第一条「すべての個人は、スポーツに参加する権利をもつ」。第二条「スポーツの振興は、人間性を発展させる重要な要素として推奨されるべきであり、これのための援助は、公的財源からの支出をもってなされなければならない」。そして七八年ユネスコの「体育およびスポーツに関する憲章」第一条「体育・スポーツの実践はすべての人にとって基本的権利である」。こういう国際的な流れはＩＯＣも無視できなくなって、いまは憲章のなかに「すべての人のためのスポーツ」を加えています。

日本でもようやく二〇一一年に、「スポーツ振興法」に代わる「スポーツ基本法」が制定されます。期待もあったのですが、前文で「スポーツを通じて幸福で豊かな生活を営むことは、全ての人々の権利であり」となっている。これではスポーツが手段で、芸術や文化に入れ替えても通用するし、憲法十三条や二十五条にもあります。スポーツ基本法ならスポーツが主語でなければいけない。

そして何が狙いかは、後に出てきます。「スポーツ選手の不断の努力は、人間の可能性の極限を追求する有意義な営みであり、こうした努力に基づく国際競技大会における日本人選手の活躍は、国民に誇りと喜び、夢と感動を与え、国民のスポーツへの関心を高めるものである。これらを通じて、スポーツは、我が国社会に活力を生み出し、国民経済の発展に広く寄与するものである。また、スポーツの国際的な交流や貢献が、国際相互理解を促進し、国際平和に大きく貢献するなど、スポーツは、我が国の国際的地位の向上にも極めて重要な役割を果たすものである」と「スポーツ立国」を宣言するのです。国家戦略としてワールドカップ・ラグビーやオリンピックを招致する。

だからこの基本法は国策としての選手強化を目標にしたものであり、国民すべてがスポーツの主役であるということを保証する新しい法律をつくらなければいけない。

しかもこの基本法を実施する中核的組織であるスポーツ庁が問題です。スポーツ庁を支えているのは五つの省ですが、職員を派遣するだけでお金は出さないから、財源は文科省外局のものだけ。権限も弱くて、スポーツ界で出ているパワハラ、セクハラ、暴力の問題を管理する能力がない。そこで権限を強化しようということでスポーツ議員連盟が動いています。

スポーツをする喜び

基本的には、オリンピック至上主義が大きな流れをつくってしまっています。いまのスポーツにかんする考え方は「する」「見る」「支える」。メダルを獲れるかどうかという人たちがスポーツをする主役で、あとの人たちはそれを見て支えましょうと。本来的にはスポーツは「する」ものなのに、「見る」スポーツの肥大化がオリンピック至上主義を生み出している。

亡くなったスポーツ評論家の川本信正さんは、生活としてのスポーツ、暮らしのなかのスポーツの喜びとして「創造、開発、連帯、克服、表現、発表」をあげていました。ところが「見るスポーツ」としてのオリンピックにカネ・モノ・ヒトが優先的に投入され、「するスポーツ」「生涯スポーツ」の環境整備は後まわしにされている。オリンピックはスポーツの喜びとはほど遠く、勝利至上主義で、メダル獲得競争する選手たちはスポーツスペクタクルの商品にされてしまっている。この状態を変革して、スポーツをする喜びをだれもが享受できるような環境を少しずつでもつくりあげていくことが大事だと、しみじみ思います。

質疑応答

――「みんなのためのスポーツ」を伸ばしていく動きは、世界的にもなかったのでしょうか?

イギリスではスポーツはジェントルマンのものという傾向が強かったのですが、労働者がサッカーを大衆化させた功績は大きく、スポーツが民衆のなかに広まっていき、労働党政権ができたときに公共施設の充実が進む。イギリスではオリンピック委員会ではなく、すべてのスポーツを統括するスポーツ評議会が中心になり、それが国と距離をおいて存在していることが重要です。ただしいっぽうではオリンピック至上主義も頭をもたげて、選手強化のための新たな組織ができたりもしています。またたとえば韓国ではソウル・オリンピックの後、「みんなのためのスポーツ」を考えようという流れはいまだにあるようです。とはいえ「マネー・ファースト」「国家ファースト」が世界を覆うなかで、世界的にみても「みんなのためのスポーツ」は危機に直面している。パリ・オリンピックからはeスポーツが正式種目に加わるでしょう。それを望んでいるのはＩＴ企業です。

――元選手が子どもたちに教えたりしますが、オリンピックをめざして挫折した人のその後は？

中学、高校、大学とオリンピックをめざすとなると、それ以外の社会的価値観は余計なものとして排除されます。メダルを獲った人たちがすなわち人間的に豊かな人なのか。成果主義のなかで社会性や人間性が後回しにされる。指導者になってもスポーツの意味や価値を教えられないのです。

たとえば日本の選手は負けると「どうもすみません」と謝りますが、だれに謝っているのか。そういうスポーツの在り方はおかしい。スポーツをするということは、他者と尊敬しあう、相互理解がなければ成り立たない。そういう価値観や意味を自分のなかにもった人なら、たとえ自分が成果をあげられなくとも、教えられることはいっぱいある。本来ならば、現役をやめた選手たちには、自分たちが得てきたもの、スポーツの豊かさをふつうの人たちに還元していく役割があるはずです。しかしそういうふうに育てられていない。むしろスポンサーをみつけて自分の価値を商品化しようとする選手が多い。大学でも「スポーツ・ビジネス」を教える先生が大きな顔をしている。いっぽう、いま学校で教えているスポーツは、「どうすれば勝つか」。そして体育教育で戦前から変わっていないのが国家主義です。

――自分の身体を壊してでもつき進んでいくアスリートについてどう考えればいいのでしょうか?

能力のあるアスリートがもっと上達したいという気持ちは否定できません。つくば大学でドーピングに関する意識調査をやったところ、九十何パーセントの選手が、いちどでいいからやってみたいと答えました。いまドーピングは遺伝子操作まで行っています。新薬もいろいろできている。顕著なのはツール・ド・フランス。大リーグにも浸透している。ある選手が、年間一六〇試合、四番を打ちつづけるには薬を飲まないとやっていられないよと。日本は潔白だという顔をしていますが、スポーツ選手がある病院に行くと「あそこの薬は効くよ」と評判になる(笑)。オリンピックはチェックが厳しいから少ないにしても、ドーピングへの潜在的欲望をもっている選手はいっぱいいます。勝利至上主義、オリンピック至上主義がそこまで人間の身体も心も追いこんでいるのが現実です。

——アスリートの連帯も必要ではないでしょうか？

オリンピックとは別に、労働者オリンピックがありました。労働者自身がスポーツの主体として世界から集まって大会をやろうということで、オリンピックとはまったく異なる価値観で行われます。またプロ・サッカーの選手たちが連帯して世界労働組合をつくろうとした。これは実現しなかったけれど、選手たちも商品として利用されていることに気づいてきた。選手たちの連帯がなさすぎる。むしろそういう動きを封じる意味もあるのでしょうが、ＩＯＣには選手委員会があります。ＪＯＣのなかにもあるのですが、まったく機能していません。スポーツの世界は歴史的に男尊女卑の世界で、クーベルタンは「女性はオリンピックに参加すべきでない」と言っている。ＪＯＣには六人の女性理事がいますが、男性の理事たちに抑え込まれてしまい、ほとんど意見を言わなくなっている。だいたい、選手たちは物言わぬ人に育ってしまう。日本のように「スポーツ馬鹿」と言われる国はありません。そんな言葉をはねのけずに受け入れてしまって、人間の尊厳をこわされていることを認識できないのです。

（二〇一八年一〇月八日、豊洲シビックセンター／二〇一九年一月二七日、小石川運動場）

女性とオリンピック

スポーツとジェンダー・セクシュアリティ ――ナショナリズムと植民地主義の視点から

井谷聡子

今日、オリンピックに参加する選手の四五％弱が女性です。スポーツの数自体は二〇一四年に男女同じになりました（種目数ではまだ差がある）。これによりオリンピックにおける男女平等は達成されたのではないかと見られがちですが、女性がオリンピックにたくさん参加するようになればジェンダー問題解決ということにはならないと思います。今日はスポーツとジェンダー、特にオリンピックの問題を、ナショナリズムと植民地主義の視点からお話しします。

1　女性のオリンピック参加の歴史

排除から包摂へ

近代オリンピックは、古代オリンピックの伝えやすい要素を取り出して新たに創り上げたものです。立役者のクーベルタン男爵は、女性がオリンピックに参加することについてこう言っています。「非実用的で、面白くもなく、見苦しい上に、はっきり言うと下品である」。「女の栄光は、彼女が生んだ子どもの数と質を通して勝ち取られるもので、スポーツについていうなら、女の最大の功績は彼女自身が記録を目指すことではなく、彼女の息子が卓越するよう励ますことである」（井谷訳）。彼がとびぬけて女性差別的だったわけではなく、当時はこれが一般的な考え方だったのだろうと思います。（後記：女性排除を批判する人もまた多かったことも押さえておきたい）

ですから一八九六年、第一回近代オリンピック（アテネ）には女性は参加していません。ところが第二回（パリ）から参加します。第一波フェミニズムの影響は大きいです。参政権を要求している時代なのに、なぜ私たちはスポーツから閉め出されているのかと。

スポーツ・ジェンダー研究者のジェニファー・ハーグリーヴズは、オリンピックへの女性参加を大まかに三段階に分けています。第一段階は一八九六年から一九二八年まで。女性をできるだけ排除した時代で、それに対し女性たちが独自に大会を開催します。第二段階は二八年から五二年。陸上競技が解禁され、五輪は女性を包摂していくのですが、参加には厳しい条件がつきます。第三段階は五二年から現代。男性支配への挑戦がクライマックスを迎え、女性がほぼ半数になっていきます。

国際女子競技大会

ＩＯＣが女性のスポーツを増やさないので、女性のアスリートたちが一九二一年に国際女子スポーツ連盟を設立し、二二年に「国際女子オリンピック大会」を開催します。ＩＯＣが「オリンピック」という言葉を使うなと言ったので、二回目からは「国際女子競技大会」となりました。

国際女子競技大会は二二年のパリ大会から始まり、二六年イェーテボリ、三〇年プラハ、三四年ロンドン大会まで行われます。発起人はフランスのアリス・ミリア。二六年には日本から人見絹枝さんだけが参加し、ひとりで国別総合五位を獲得するほど活躍しました。

国際女子競技大会は参加者が増えて盛り上がったため、焦ったＩＯＣが二八年の陸上競技解禁を皮切りに女子競技をオリンピックに取りこんでいき、女子だけの独立した大会はなくなります。

女子陸上競技の導入と背景、論争

二八年のアムステルダム大会で、ＩＯＣはずっと嫌がっていた女子の陸上競技を初めて導入します。このとき種目として行われたのは一〇〇メートルと四×一〇〇メートルリレー、八〇〇メートルでした。今では女子がマラソンまで走りますが、当時八〇〇メートルは女子には長すぎるといわれていて、実際にやったところ、ゴールラインで選手がバタバタと倒れこんだ。今では男女を問わず選手がゴールで倒れるのをよく目にしますが、女子八〇〇メートルにはもともと批判があったので、これ以降はオリンピックから外され、戻ってくるのは六〇年ローマ大会まで待つことになります。

この八〇〇メートルに日本から先の人見絹枝さんが出ます。短距離が得意な選手でしたが、八〇〇メートルの枠が残っていたので走ったら、銀メダルを獲得しました。人見さんは当時の日本人女性としては身長が高く、練習のため筋肉質でした。日本のメディアは人見さんをほめそやし盛り上がる一方で「性別疑惑」を生み出しました。また、国や地方は栄誉を讃えるだけで女子スポーツを振興するためのサポートはしなかったので、彼女は記者としての仕事と陸上の練習をこなすかたわら、次世代の女子スポーツのために活動しました。疲労がたたったのか、性別疑惑の晴れないまま二四歳の若さで結核性肺炎により亡くなります。

ようやく女子を受け入れたものの、強い女子を目の前に見た世論が、適切さのラインを越えると「ほんとに女なのか」という疑惑を向ける。そうしたことがこの時代からあったのです。

オリンピックにおける女子競技の導入

オリンピックに女子競技が最初に入ったのは一九〇〇年パリ大会で、テニスとゴルフでした（図1）。これらは中・上流の女性たちが適切な服装でやるにふさわしいとされた競技です。労働階級の女性たちも日ごろ身体を動かしていましたが、そういうスポーツには手が出ません。一九二八年の陸上競技以降は、六〇年のスピードスケートで速さを競うものが入ってくる。初めて女子のチームスポーツが入ったのは六四年の東京オリンピックのバレーボールですが、コートのない「コンタクトスポーツ」は七六年のバスケットとハンドボールが初めてです。女子が身体をぶつけあい競技をすることに対する抵抗が、これだけ長い間あったと言えます。

男子にあって女子になかったスポーツとして、二〇一四年、冬夏あわせて最後に加えられたのがスキー・ジャンプです。冬山を移動中に勇気ある兵士が飛ぶことから始まった競技なので、女性の参加に抵抗があったことは想像できます。女性がジャンプで着地したら子宮が出てしまうなどと真剣に心配されたようです（笑）。科学に基づくはずの医者の見解を信じてしまう。女性が自転車に乗りはじめたときも、生殖器を傷つけるとか、風圧で顔がゆがむとかいわれていました（笑）。

そうしたバイアスがかかった時代に、女の身体でもこういうことができると説得し、証明し、時には後退もありながら、女性の参加率は上がっていきました（**図2**）。やがてスポーツの数は男女同じになりましたが、全体に占める女子の割合はまだ五〇％に達していません。

2　オリンピックと人種主義、国家主義――優越人種・民族としての自己の構築

アスリートの身体と国家崇拝

クーベルタン男爵が近代オリンピックを創ったとき、フランスは戦争で荒廃し、産業化で都市に移動した大衆と国民の健康が問題になりました。そこで彼はイギリスのパブリック・スクールのスポーツ教育に着目します。厳しい運動で自分を律し帝国の支配者になっていく男たちをつくる、モラル教育の場としてのオリンピック。肉体を通じてギリシャ彫刻に象徴される白人の理想の美に通じる自分たちを想像する。クーベルタンは「オリンピズムとは哲学的、宗教的なドクトリン（教義）である」と言い、「筋肉の宗教」「筋肉的キリスト教」といった言葉を使いました。

「古代オリンピックがそうであったように、近代オリンピックの根本的な特徴は、それが宗教であるということだ。彫刻家が彫刻するように、運動を通じて身体を彫刻することで、古代アスリートたちは『神々を讃えた』。同様に近代のアスリートたちも彼の国、彼の人種、そし

年	競技
1900	テニス、ゴルフ
1904	アーチェリー
1908	テニス、フィギュアスケート
1912	水泳
1920	フィギュアスケート
1924	フェンシング
1928	陸上競技、体操
1936	スキー、体操
1948	カヌー
1952	馬術
1960	スピードスケート
1964	バレーボール、ルージュ
1972	アーチェリー
1976	ボート、バスケットボール、ハンドボール
1980	陸上ホッケー
1984	射撃、自転車、[マラソン]
1988	テニス、卓球、ヨット
1992	バドミントン、柔道、バイアスロン
1996	サッカー、ソフトボール
1998	カーリング、アイスホッケー
2000	ウェイトリフティング、近代五種、テコンドー、トライアスロン
2002	ボブスレー
2004	レスリング
2008	自転車モトクロス
2012	ボクシング
2014	スキー・ジャンプ

図1　オリンピックにおける女子競技の導入
（來田享子 (2010)「スポーツと『性別』の境界」スポーツ社会学研究 18-2）

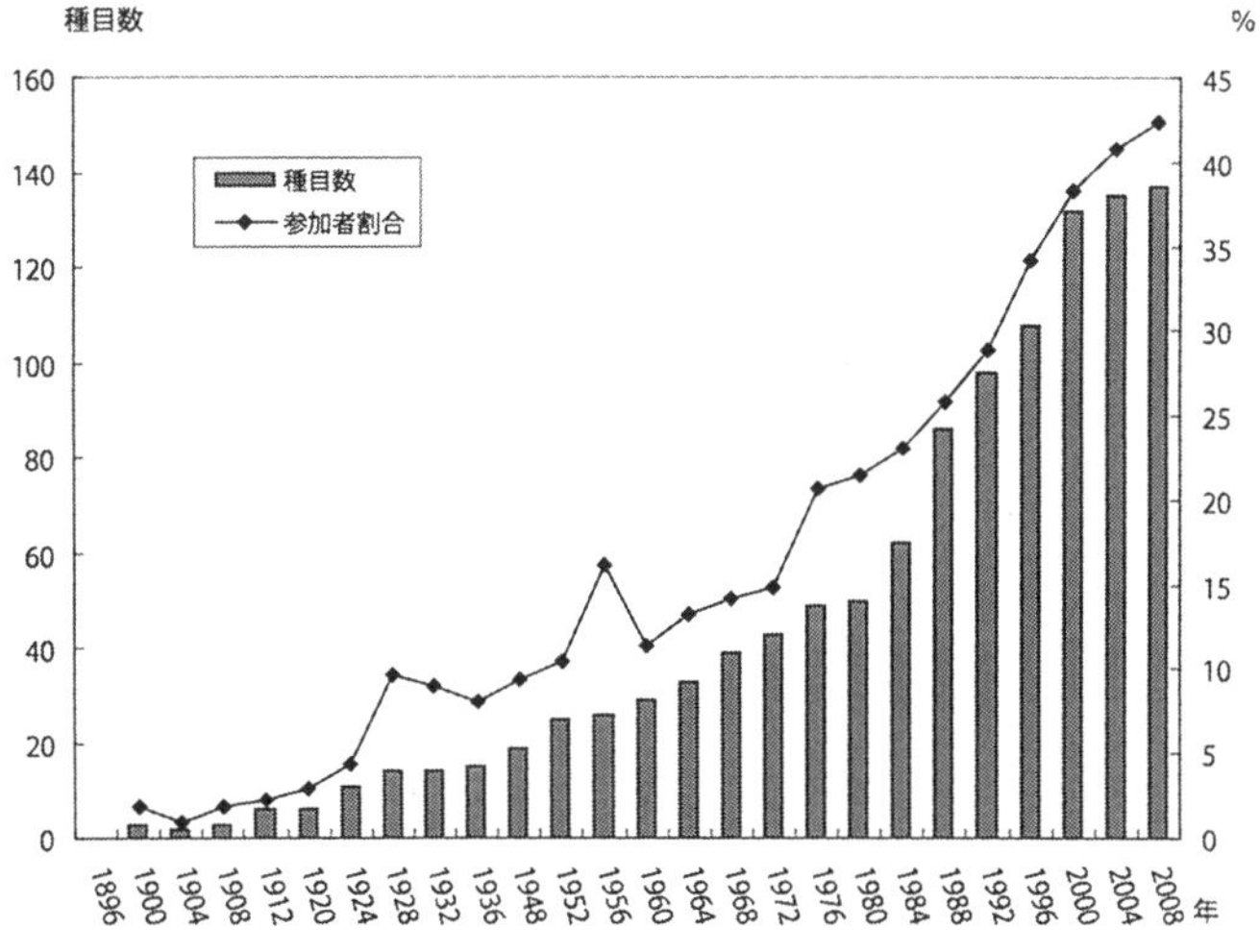

図２　夏季五輪大会における女子の種目数と参加者割合の推移
（同上）

て彼の国旗を崇めるのである」。近代化以前のスポーツの宗教的要素をあえてもってきて、神に捧げるパフォーマンスを、自分の国に捧げるパフォーマンスとして想像する。ここで重要なのはオリンピアンとしての男性身体を通じた国家崇拝の場としてのオリンピックです。

それから、非ヨーロッパ諸国における西洋的価値観の普及と文明化を、オリンピックを通じて行う。近代的な身体、生産性の高い健康な身体を文明性と結びつけ、それを暗黒の大陸と呼ばれたアフリカなど、文明化されていない地にもっていくという植民地主義的、キリスト教的ビジョンをもっていた。

近代国家とナショナリズム

この問題について、歴史哲学者のゲオルゲ・モッセの論考があります。ユダヤ系で、ドイツによる迫害を経験して、民族性や人種と結びつくナショナリズム、それとスポーツとの関係に注目しました。近代国家が登場するとき、産業化社会・都市化によって土地からのルーツを失った「大衆」が生まれ、存在意義の揺れと「新たな伝統」の必要性のなかで、いかに「国民」を創造するかが課題となりました。

『想像の共同体』を書いたベネディクト・アンダーソンは、国語や国土、国旗、国歌などを通じて自分の国を想像し、一生会うことのない人も同国人と考えるようになったメカニズムを明らかにしました。オリンピックは新しい国のアイデンティティが創り出されていく時代の便利なツールになりました。会ったこともないアスリートの身体を通じて自分が戦っているような感覚になる。その選手たちが勝ってくれたら、自分が所属する国が優れたもののように感じることができる。

そして帝国主義の体現としてのオリンピック。新しい帝国として広がった領土を自分たちの国として世界に示す機能もありました。

ベルリン五輪の共犯性

一九三六年のベルリン大会はナチのドイツ支配前に開催が決まっており、ヒトラーは当初、白人が黒人と走らされるなんてと嫌がっていました。でも周りから勧められオリンピックの意義に気づきました。ナチス政権により、この大会はドイツ人、アーリア人種の優越性を国内外に示すためのプロパガンダの場となりました。

この大会で始まったことは多いのです。大規模なスタジアムやアテネからのトーチリレー(聖地、古代文明からのつながりを見せる)。開会式の白鳩(平和の強調)。ヒトラーはユダヤ系の選手がドイツ代表として出るのを嫌がっていましたが、これも少数ながら出ることになります。

アメリカの歴史学者バーバラ・バーステインが書いています。ベルリン五輪は、「ある意味で、一九三六年まで明確に存在したヒトラーへの世界的な批判を薄めてしまった。(中略)多くの人は彼が誤った方向に進んでいると感じていたが、オリンピックに行ったことで、私たちは彼に自分を健全で理性的で寛容であると見せる機会を与えてしまったのです」。アメリカでは五輪ボイコットを議論しましたが、結局選手を送りました。実際にオリンピックによって、ヒトラーたちに対する批判のトーンが落ちたのですが、ヒトラーは以後もちろん着々と戦争計画を進めていきます。

ヴォルフガング・フュストナー大尉はベルリン大会で選手村の副指揮官を務めましたが、大会直後、ユダヤ系であることを理由に除隊され、三日後に自殺してしまいます。また大会に出場したユダヤ系選手たちがホロコーストで殺されています。

3　オリンピックと植民地主義——「他者」の構築

オリンピズムが内包する植民地主義的態度

またクーベルタンの話を聞いてみましょう。「オリンピックは植民地の人々に規律を教える壮健な手段である」。また「私は熱狂的な植民地主義者である」とも言っています。当時「植民地主義者」には悪いニュアンスはなく、ヨーロッパの中・上流階級にとっては西洋文化が圧倒的に優れているのだから、それを広めていくのは当然と思っていたのでしょう。

一九一二年に書かれた「スポーツ賛歌」では、「おお、スポーツよ。お前は何と生産的なのだ。お前は人種の完成に向けてまっすぐ気高く邁進し、それに不可欠な純粋さを脅かす不健康な種を破壊し」と言われます。競技をすることで体を強くし、劣等なものは淘汰されて優れたものが残る。当時のダーウィニズムです。人種の「純粋さ」と言っていて、最初はヒトラーなどともウマが合った。

スポーツ学のスーザン・ブラウネルが書いています。オリンピズムとは、「『オリンピックの』理想により、近代化された国々は世界平和に向けて動きだすことができるという信条／信仰である。（中略）ＩＯＣのリーダーたちのヨーロッパ中心主義は、フェアプレイ、卓越さの追求、『より高く、より速く、より強く』という価値観が普遍的であると仮定する（実際にはそうでないが）。また、彼らはこれらの価値観を広めることが世界にとっていいことであり、この普及は西洋文明の光が世界の暗がりを照らすという、一方通行の過程であると思い込んだ」と。つまり帝国主義的、植民地主義的な態度がオリンピズムの中に書きこまれているのです。

オリンピックが始まった当時は、固定してアテネで毎回開催するという案もあったのですが、クーベルタンは、あちこちにもっていくことでその理想を世界に広めよう、世界を教育していこうと思っているので、オリンピックが動くことにこだわりました。とはいえ当時は大会も小規模であり、何が理想なのかも開催国にうまく伝わらなかったりして、共通の純粋な目的をもって世界を教育していったというわけでもありませんでした。だから開催地ごとにオリンピズムに対する異なる解釈があったり、異なる競技があったりしました。

世界博覧会とアンソロポロジー・デイ

世界博覧会はオリンピックの文化版のようなイベントでした。オリンピックより早くから始まっていて、帝国が広がっていくときに新しい植民地で獲得してきたものを広げてみせて、白人の優越性と、多くの植民地を擁する大国主義の成果を強調する。一九〇〇年パリ、〇四年セントルイス、〇八年ロンドンのオリンピックは費用の問題などから世界博覧会の一部として開催されました。博覧会には色々なパビリオンがあり、人間動物園(新しく獲得した領土に住んでいた人々を展示する)もありました。

当時のオリンピックは数か月にわたって様々な競技が開催され、どこまでがオリンピックなのか曖昧でした。開催地によって違う競技を入れてみたりする。セントルイスでは「アンソロポロジー・デイ(人類学の日)」を開催しました。「先住民」、「自然のまま」の人たちに徒競走やアーチェリーなど一八種の競技をやらせて観察するものです。「最新の大衆の人類学」と呼んだりしていますが、「異文化のぞき見」としてのスポーツです。日本からはアイヌの男性四、五名が出て、アーチェリーなどの競技をしています。これらがオリンピック競技なのかについては異論もありますが、オリンピック開催中に行われていて、当時は出場者がオリンピアンと呼ばれてもいます。

次の一節は「アンソロポロジー・デイ」の宣伝文句です。「八月初めに万国博覧会会場のスタジアムで行われ、身体文化部門の主催で、博覧会の奇妙な人々のすべての部族の代表が参加して行われることになっている。／その夕べは、科学的立場から非常に重要なものとなるだろうし、これまでそれ程多くの異なった人間の種族が一堂に集まったことはなく、世界史上でも比肩するものがないだろう。この偉大な人種間運動競技には、パタゴニア人、フィリピン人、アイヌ、アフリカ・ピグミー、コンゴ先住民、ココパ・インディアン、アラスカ・インディアン、ポウニー、ウイチタ、アラパホ、スー、キカプー、ピマ、マリコパなどが参加する予定である。また、日本人、中国人、東インド人、セイロン人その他の博覧会を代表する人々を参加させる努力が行われている」

「未開」とされた先住民族の人々だけでなく、「日本人」や「中国人」など、「未開ではない」とされた非西洋人も競わせてみたいという主催者の意図が現れています。日本からの参加者も「日本人」枠で参加しないかと言われたのですが、「先住民」アイヌを出す立場として来ているので、一緒に競技には出たくないと参加を拒否したと言われています。ヨーロッパの観点からすると、未開かどうかにかかわらず他者の身体を競わせて、「彼らではない」存在として「自分たち」を確認するのです。

この競技に出た人たちは、ヨーロッパ的な価値観を共有していないので、まじめに競技をする人は少なかったようです。その様子を見た西洋人は、やはり文明化されていない人たちは努力できないと考えたり、「自然に近い」から白人より速く走れると思ったのにと残念がったりしました。そういう考え方は、今日の日本でも、「黒人はスポーツに優れている」などというステレオタイプとして脈々と受け継がれていると思います。

植民地主義、身体、数値化

人類学（Anthropology）の一部として人体測定（Anthropometry）があります。人体の計測をすることで、異なる人種の特徴を解明しようとする。科学がそれまでの知と異なるのは、計測し、綿密に観察し分類し、時には階層化することで世界を理解していくことです。世界中で異なるスポーツをしていては比較にならないので、一堂に集め、同じルール、同じコンディションで競争させ数値化することで誰が一番優れているかを見出そうとするアンソロポロジー・デイの計画にもそれが反映されています。オリンピックなどの近代スポーツでは、どの国が勝ったのか、どの人種が優れているのかが数値化されます。主に白人の選手の身体を基準として、それとどう異なるのかを観察して、優劣をつける。

今でも男脳とか女脳とかいうことが科学的であるかのように言われることがありますが、それに類する発想は一世紀以上前からありました。一九世紀の終わりから二〇世紀の初頭にかけて、科学者は、白人の男が女や犯罪者といった「他者」とどう違うのかを測ろうとしました。差異が「証明」できたとされたものの一つは、頭の周囲のサイズでした。統計的にみると「白人異性愛者の男性」の脳と、女性や犯罪者やゲイの人の脳とは異なっていることが示されたと発表したものもありました。実際はそういう差異が出るように統計処理しただけでした。

想像のオリンピアン

ジョン・ベイルというスポーツ地理学者が、ルワンダのツチ族の、走り高跳びのような伝統行事Gusimbukaについて調べました。かつてそれを観察した支配者の白人たちは、そこに自分たちのスポーツとの共通点を見出しました。ツチ族に、細身で背が高くて鼻が高いという、ヨーロッパ人に近い特徴をステレオタイプとして与え、フツ族など他の種族と分けたのです。それがツチ族にとっては誇りとなり、西洋とのコンタクトが支配者としての道具になっていった。伝統行事を「土着の走り高跳び」として見たそのレンズによって、ツチ族とフツ族の差異化がなされていく。ヨーロッパ人が植民者としてツチ族を現地のエリートにしたのです。

さらにそれが「未開のオリンピアン」と呼ばれ、彼らをオリンピックに連れてきたら新しい記録が出るぞと言われたりする。さらに後年、イギリスやフランスで、あのアフリカのアスリートを自分たちの国の選手にしてオリンピックに出そうなどということも言われました。アスリートの資質を備えたとみなされたツチ族は名誉ヨーロッパ人とされ植民地のエリートとなり、それを備えていないとされたフツ族は劣等なものとされました。それが後の虐殺に直接つながっていったかどうかについては、ジョン・ベイルは慎重なのですが、この「差異化の過程」がその下地を形成したのではないかという彼の考察は的を射ていると思います。

4　女子アスリートというアンビバレンス

国の代表（具現化）としての女子選手？

オリンピックは優れた男の身体を中心とした民族・国家間の競争です。そこに女性の身体がどう位置づけられるかはアンビバレントな問題で、女性の立場はスポーツのなかで常に揺れ動いてきました。

ベーブ・ディドリクソン＝ザハリアスは、もとはオリンピックにも出た陸上選手ですが、野球や、「女性的ではない」スポーツもして、アメリカ国内で「男みたい」などとバッシングを受けました。彼女は女性として受け入れられやすいゴルフに転向し、髪を伸ばして化粧もしてスカートもはき、男性の視線を満足させながら国の代表アスリートとしてやっていくことを選びました。キャスター・セメンヤは「性別確認検査」によって一度は女性であることを疑われた選手ですが（彼女も八〇〇メートルのメダリストでした）、南アフリカは「私たちの娘」に何をするのかと言いながら、同時に「あれは男だ」という言い方をする者もいた。日本の人見絹枝も、世界で活躍したスターである一方、国内に戻ると「ほんとに女か？」と言われたことがありました。

ゲオルゲ・モッセは、男性の身体が国民のいい意味でのステレオタイプとみなされるとき、アスレチックで「男らしい」アイデンティティを体現した女性は、家父長制社会の脅威とみなされたと言います。一方で女子選手は同時に民族の優越を示す存在でもある。人種、国家、イデオロギーの対立の場では、自国のたくましい女子選手は称賛され、他国の女性が頑張ったときは野蛮だとか強すぎると批判する。ジェンダーの対立の場では、たくましい女子選手は批判、軽視、蔑視されるのです。

性別確認検査の導入――強すぎる女と性別疑惑

このアンビバレンスがオリンピックのシステムに反映されています。女性が社会に進出し、スポーツにもどんどん参加していく中で、女らしさのイメージが揺らいでいきました。それに対してスポーツ界は、女子選手が本当に女かどうかを科学的な方法で確認することを決めた。性別確認検査、femininity test、gender verification test と呼ばれるものです。

人見選手の時代から女性アスリートに対して疑いの目は向けられてきましたが、より本格的にシステムとして導入されたのは冷戦時代、東西対立のためだと言われています。ソ連など東側諸国では女性が労働者として比較的進出し、砲丸を投げたりする、たくましい女性のイメージも日常化していた。それを見て西側諸国が、東側はオリンピックでイデオロギーを宣伝するために男を出してきているのではないか、あるいは東側の女子は何か「女ではない」部分があるのではないかと言いだしたのです。そこで導入されたのが、今に続く女性だけに課される性別確認検査です。

性別確認検査方法の変遷

最初はオリンピックではなく、一九四八年の欧州陸上競技選手権で導入され、女子選手は医師の証明書を出すことが出場条件でした。六六年には国際陸上競技連盟（ＩＡＡＦ）が世界大会で同じことを決めました。その後、検査は試合の現地で行うことになります。六八年にはＩＯＣでも採用され、国際スポーツ大会では全女子に対して性別検査を実施しました。初めに導入された検査方法は視認検査です。医師の前で順次裸になり、外部生殖器の形を検査される。侮辱的なものでしたし、外性器が曖昧な選手がいることが分かってきました。そこで一九六八年、性染色体検査に移行します。口の中の細胞をとり、初めはＸ染色体を確認して二つあれば女だと認める。九一年からはポリメラーゼ連鎖反応（ＰＣＲ法）で、Ｙ染色体を見つけたら女ではないというロジックです。

しかし、Ｘ染色体が二つあってもさらにＹ染色体のある選手や、ＸＹでも典型的な女性型で育つ選手もいる。見た目も生活も女性なのでオリンピックに出るのですが、現場に行くと、あなたはＸＹだからダメですと言われる。プライベートな話なので公表はせず辞退してくださいとと言うのですが、たとえばあるスペインの選手のように闘おうとすると、国にとっては恥だということで代表の資格を失い、奨学金も寮も失ったケースもあります。ＸＹでもテストステロン（男性ホルモン）が多いわけではないので、特に有利な条件はなかったのにもかかわらずです。典型にあてはまらない例は千人に一人くらいはいて、オリンピックに女子三千人出場したら三人はいることになる。どれだけの選手がひそかに辞退したかを考えると悲しくなります。

この検査には批判も多かったのですが、結局五〇年以上続きました。全女子に対する検査は二〇〇〇年で終わるのですが、その後も疑いのある場合は検査を行ってきました。セメンヤ選手はこの制度で引っかかりました。しかし、こうした制度への批判が高まり、ＩＡＡＦもＩＯＣも一一年ついに性別確認検査はあきらめました。しかし、その代わりに「高アンドロゲン症検査」を導入しました。アンドロゲンはテストステロンにつながる物質で、性別にかかわらず誰もがもっていますが、その値が高い女性は身体的に有利だからと出場資格を失うことになりました。また、出場したければ、選手はホルモン療法などでテストステロンのレベルを女性の平均値に近いところまで下げなければなりません。一一年以降、高アンドロゲン症検査は今もやっています。

こうした性別確認検査も一種の「人体測定」ですね。ホルモン量や染色体で身体を計測し分類してジェンダーを階層化する。女性が「女性の限界」と見なされていたものを超えていくと、性別に何かおかしなことがあるはずだから、その「異常」を見出すことで男女のカテゴリーと関係性を維持するのです。つまり、「強すぎる女」をその「非女性性」を示すことで「女性」の枠組みから排除してきたのです。ここにはさらに西洋中心主義の問題があります。個人の性別を染色体に基づいて登録する国などありません。生まれた時に「女の子」として見なされ、そのように育てられ、周囲も本人もそのように受け入れ生活してきた人に対して、スポーツの場に西洋の科学的知をもってきて、「おまえは女ではない」と断じてしまうことの暴力性は反省されなければなりません。

差別を生むイデオロギー

長い性別確認検査の歴史を通じて、男女を完璧に生物学的に二分する方法はないことが分かったのでスポーツ連盟もそうした検査をあきらめたはずでした。しかし、それでも何とか男女を区別しようとしているのが今のスポーツ界であり、オリンピックにおける特定の女性排除です。男性に同じ排除システムがないことが、これが女性をターゲットにした差別的システムであることを示しています。

日本では特にスポーツ界のリーダーシップのポジションにある女性が非常に少ない。賞金やスポンサー料もジェンダー格差が大きい。放映時間は圧倒的に男性種目が多く、男女の報道時間がほぼ半々になるのはオリンピックだけです。国を代表するときはメディアに出すけれど、それ以外の時は出さない。参加率にもジェンダー格差があります。これ以上競技を続けて筋肉がつきすぎるとモテなくなるからやめるという女子が多いのも、強すぎてはならないという女性の社会的位置づけを反映しています。

トランスジェンダーの人たちに対しても参加規定がありますが、性自認を申告すれば参加OKとはなりません。また、スポーツ界では同性愛嫌悪（ホモフォビア）が強く、男らしさの反対のステレオタイプとして作られてきた「ゲイ」はスポーツ界にはいないものとして扱われ、「男らしくない＝女性的」な存在に対するいじめや暴力があります。

こうしたスポーツ界の問題の根底には三つのイデオロギーが潜んでいます。女にここまでできるはずがないというセクシズム。生物には男と女の二つしかないという性別二元性。異性愛を当然とするシスヘテロセクシズム。多くの女性たちがオリンピックに出場するようになっても、ジェンダーに基づいた問題は山積しているのです。

オリンピックへの女性の包摂

何をもってスポーツのジェンダー平等の達成とするのかは難しい問題です。放射能汚染の隠蔽、競技場建設のための違法伐採、住民追い出し、ホームレス排除など、多くの問題を抱えるオリンピックに多くの女性が参加していくことが、スポーツにおける「平等」の目指す方向なのでしょうか。

フェミニズム、性的マイノリティの解放運動の視点から、スポーツにおける女性のインクルージョン（包摂）について考えるとき、二つの分析方法が考えられます。

第一はインターセクショナルな分析で、「誰が」包摂の対象なのかと問うものです。女を入れるというが、「どういう女」を入れるのか。最初はフェミニンな、「適切な」女しかオリンピックの場に入れなかったり、入れても典型的遺伝子型をもっていなければ排除したりする。貧困でスポーツにアクセスできない人たちは、オリンピックを目指すことすらできません。また、スポンサーの金儲けなど、女性がオリンピックに組みこまれることで利益を得るのは誰なのでしょうか。結局そこで大きな利益を得ているのは、世界のエリートの男たちとなっていないでしょうか。

第二がラディカルな分析で、平等な参加とは、「どこ」への包摂を求めることなのかという問いです。女性たちが人権問題として平等な参加を求めてきたオリンピックは、そもそも「人権」が尊重されているでしょうか。最近の東京2020をめぐる様々な問題を見ていると、答えはノーでしょう。人を傷つけて作り出された空間でハイパフォーマンスを楽しむのが、私たちの求めるフェミニズムなのでしょうか。そこに平等に参加するのではなく、解体するというラディカルな分析の視点からでないと、オリンピックとジェンダー・セクシュアリティ問題を解決に向けて進めることはできないのではないでしょうか。

（二〇一九年一月五日、文京シビックセンター）

2020東京オリンピックに反対する18の理由

1 どんどん膨れ上がる五輪開催の費用

二〇一三年招致のさい七三四〇億円だった東京五輪の開催予算は、一八年末には一兆三五〇〇億円と見積もられ、関連予算を加えると総額三兆円を超えるともいわれる。五輪費用の肥大化が始まったとされる一九七六年モントリオール大会では、費用が当初予算の一二倍となり、借金返済に三〇年かかった。企業主導の八四年ロス大会を経て五輪マネーの規模は膨れ上がり、二〇〇四年アテネ大会の費用は予算の一〇倍、ギリシャの財政赤字粉飾につながった。

2 都市計画の変更なしにスタジアム建設はできなかった

神宮外苑は本来、八万人規模のメインスタジアムを建設できる場所ではなかったが、都市計画変更により各種法規制を緩和し敷地面積を拡大して建設を強行、都立明治公園の敷地がＪＳＣ（日本スポーツ振興センター）に無償で貸し付けられた。明治公園の敷地面積確保のために都立霞ヶ丘アパートが取り壊され高齢者の多い住民が移転させられた一方、都市計画変更によって日本青年館、ＪＯＣ新会館、神宮外苑ホテルという高層ビルが建設できるようになった。

3 巨大イベントは利権の巣

スポンサーから五輪への協賛金（予算）は、ＩＯＣと契約を結ぶ世界規模の企業「ザ・オリンピック・パートナー（ＴＯＰ）」からの五六〇〇億円と、国内企業が組織委員会と契約を結ぶ三二〇〇億円がある。晴海に建設中の選手村は大会後に高級マンション街になるが、この都有地が周辺地価の十分の一程度の価格で三井不動産ほか一一社に払い下げられるなど、五輪はスポンサー企業にとって「金のなる樹」。そんな金の流れを一手に引き受けているのが電通である。

4 オリンピック招致で多額のワイロ

五輪招致委の理事長だった竹田恒和氏は、シンガポールのコンサルタント会社に支払った約二億三千万円が招致のための贈賄ではないかとしてフランス当局の捜査を受けた。同社との契約を後押ししたのは電通の関係者で、決裁には文科省や外務省の官僚や都庁職員も関わっている。竹田氏はこの金を「業務の適切な対価」と主張したが、ＪＯＣ会長を退任することになった。五輪招致競争のために莫大なカネがつぎこまれてきたことは周知の事実である。

5 ボランティア搾取の闇

東京五輪には一一万人のボランティアが動員される。五輪は巨大な商業イベントであり、潤沢な資金があるにもかかわらず、酷暑のなか、一日八時間以上、二〇日間拘束し、ほぼ無償（一日千円）で働かせる。雇用契約が結ばれていないので労災補償などの責任があいまいにされる恐れがある。文科省は学生がボランティアに積極参加できるよう大学に働きかけ、試験の時期をずらしたり、ボランティアで単位を取得できるようにしたりする大学もある。

6 野宿者・生活者が排除される

五輪開催地では必ず大規模な立ち退きと路上からの排除が起こる。東京でも五輪スタジアム＝新国立競技場建設で都営霞ヶ丘アパートが取り壊され、約二三〇世帯が移転を強いられた。建設敷地にされた明治公園からは野宿者が強制排除された。一七年には渋谷区宮下公園が高層ホテルと商業施設に建て替えるために抜き打ち封鎖され、就寝していた野宿者が閉じ込められた。貧困層を排除して五輪再開発で大儲けするのは大手デベロッパーとゼネコンである。

7 オリンピックのための「テロ対策」

東京五輪は、テロ対策を名目にした治安管理体制の飛躍的強化の実験場になりそう。二〇一七年、強行採決の末に制定された共謀罪も、五輪のためとされていた。五輪組織委はテロ対策で自衛隊に警備協力を要請、治安出動訓練も実施されている。五輪会場には最新映像監視システムを設置。顔認証システムではボランティアなどの中にテロリストが紛れ込むことを阻止するという。警察と警備会社、臨時警備担当の共同企業体が一体で監視する厳戒態勢が作られる。

8「復興五輪」は棄民政策

安倍首相は五輪招致のために福島原発事故について「the situation is under control」と発言し、国は「復興五輪」をうたっているが、事故は収束せず汚染も拡大したという報告すらある。五輪の野球・ソフトボール競技が予定されている福島の球場の周辺には汚染土の入ったフレコンバックが積まれている。五輪までに原発事故を終わったことにするため、帰還基準を下げ自主避難者への支援を打ち切る「復興加速化」政策は、被災者・被害者に対する棄民政策である。

9 アジアの森林を破壊するオリンピック

メインスタジアムとして建設中の新国立競技場は「木と緑のスタジアム」をうたっているが、インドネシアとマレーシアから輸入した大量の型枠合板が使われており、そのため現地の熱帯天然林が伐採され、先住民族や地域住民への人権侵害、木材の伐採や流通での違法行為も指摘されている。東京五輪は「環境に優しい」五輪を装いながら、明治公園の緑をつぶして新国立競技場を建設している。札幌、長野、平昌など、過去の五輪も環境破壊を引き起こしてきた。

10 五輪建設現場の現実

五輪開催地では大会に間に合わせるため短工期の難工事、過重労働、移民労働者使い捨て、賃金未払いなどが毎回のように起こる。2020五輪の新国立競技場建設でも二十代の現場監督が二百時間超の時間外労働で過労自殺。晴海選手村建設では現場作業員が重機に挟まれ死亡、転落死と死亡事故が続けて起きた。労働者不足を補うために一八年一二月、外国人労働者の受け入れ拡大を図るとして改正入管法が強行可決、さらなる人権侵害が懸念されている。

11 動員される子どもたち

東京都教育委員会は幼稚園、小・中・高校、特別支援学校で、二〇一六年度から五年間、年三五時間ほどの「オリンピック・パラリンピック教育」を実施している。育成すべきとされるのはボランティアマインド、障害者理解、スポーツ志向、日本人としての自覚と誇り、豊かな国際感覚。これは、道徳心や愛国心、健やかな身体を養うという新教育基本法の「教育の目標」に通じる。その上で子どもたちは、ボランティア活動や聖火リレー、競技観戦に動員される。

12 天皇・日の丸・君が代

五輪では天皇が名誉総裁に就任し開会を宣言する。五輪憲章では開催国の国家元首が開会宣言することになっている。天皇は元首ではないが、国を挙げて人がまとまることの「象徴」として登場する。選手団の旗や歌は各国の国旗・国歌とされ、「選手の競争であって国家の競争ではない」という憲章の建前とは裏腹に、選手が背負う国同士のメダル競争がクローズアップされる。五輪はナショナルイベントとなることによって「国民動員」の機能を発揮する。

13 聖火リレーってなんだ?

聖火が近代五輪に登場したのは一九三六年のベルリンからであり、そのコースはナチスによる侵略ルートとなった。百億円規模が予想される2020五輪の聖火イベントは地域の人々、とりわけ子どもたちを動員する装置になる。福島原発事故収束作業の拠点だったJヴィレッジから出発し、事故が収束しないため住民の帰還が進まない地域を通り、まだ高線量の国道6号線を走る聖火は、これらの地域が「復興」したかのように装う「祝祭」として機能するだろう。

14 パラリンピックと優生思想

パラリンピックは傷病兵のリハビリに起源があり、戦争遂行と結びついている。学校で課される学力や体力のテストでは、社会に富をもたらし戦争で勝利するのに役立つ能力が評価基準となる。パラリンピックは「求められる能力」の回復に努力し、競い合い、勝利する恰好のモデルである。日本の小中学校で教科化された道徳の教科書では、スポーツに打ち込む「障害者」が取り上げられ、ステレオタイプからはみ出た「障害者」は存在しないものとみなされる。

15 アスリートの身体も破壊される

五輪に代表されるアスリートにとってのスポーツでは、健康よりも勝つことが優先される。さまざまに試みられるドーピングがアスリートの身体を蝕む。幼いうちから障害をきたすほどのトレーニングや身体づくりに耐えトップに上り詰めるわずかなアスリートたちと、身体をボロボロにするだけで「一流」にたどりつけなかった者たち。スポンサーやサポーターに応えるために、あるいは国のために、より速く、より高く、より強く、より美しくが追求される。

16 クーベルタンとオリンピズム

クーベルタンは、「平和」を戦力の均衡によって実現されるべきものと考え、スポーツで鍛錬されるべきは男子だけであるとして女子の五輪参加に反対し、植民地支配を肯定していた。五輪発祥の地・古代ギリシャで発見されたという「人間」観は、女性、奴隷、外国人を排除したアテネ「民主主義」礼賛と不可分であり、その正統な後継者である近代西洋には残りの世界を指導する権利があるという人種差別的な考えをクーベルタンが疑うことはなかった。

17 戦争とオリンピックはつきものだ

平和の祭典とされる近代五輪の歴史は戦争まみれだった。一九三六年のベルリン五輪ではナチスが人種差別・軍国主義を隠ぺいして侵略を準備した。四〇年に予定されていた東京五輪も戦争体制のため返上。関東大震災からの復興、神武天皇即位紀元二六〇〇年記念事業に合わせて招致されたものだったが、当時の日常生活はまだ戦争一色ではなかった。復興がうたわれ、新天皇が開会を宣言し、自衛隊明記の改憲が準備される二〇二〇年五輪との近さが感じられる。

18 世界各都市で反オリンピック運動

二〇一〇年バンクーバーでは開発による地域破壊、一二年ロンドンでは公営住宅取り壊し、一四年ソチでは開発やテロ対策による人権侵害、一六年リオでは貧民街強制退去、一八年平昌では原生林破壊などを争点に反対運動が行われた。国際連帯も進み、バンクーバー以来の反対運動トーチが東京にも手渡された。ボストン、ハンブルク、カルガリー、シオン、ブダペストでは住民投票で五輪にＮＯ。開催予定のパリ、ロサンゼルスでも五輪への懸念は高まっている。

あとがき

私たちは、東京オリンピックまで三年半を迎えた二〇一七年一月二二日、2020「オリンピック災害」おことわり連絡会（略称・オリンピックおことわリンク）を発足させました。オリンピック開催が多くの分野にもたらしている状況を「災害」であるととらえ、ストレートな反五輪という課題のみでなく、それと関連するさまざまな運動課題をネットワークでつなぐことを目的としています。

オリンピックの問題点を多様な観点から明らかにし、それに抵抗していくための取り組みの一つとして、私たちは連続講座を立ち上げ、各テーマにふさわしいゲストを招いてきました。これまでに行った全講座のエッセンスをまとめたのが本書です。

これまでの講座を日付順に並べます。それぞれの講座は適宜パンフレット化し配布してきましたが、本書収録にあたっては内容を圧縮したうえ、発表者に加筆・修正いただきました。パンフレット化して本書に収録したものには★を、パンフレット化の前に本書に収録したものには☆を付けました。（それぞれのパンフレットの残部については、「おことわリンク」http://www.2020okotowa.link/におたずねください）

二〇一七年

2018ピョンチャン冬季オリンピックの実態（イ・ギョンリョル／谷口源太郎、二月二五日、ピープルズ・プラン研究所）★

リオ五輪災害による「排除のゲーム」（ジゼレ・タナカ、三月三日、千駄ヶ谷区民会館）★

五輪災害と共謀罪（小倉利丸、四月八日、文京区民センター）

東京五輪のメインスタジアム建設すすむ神宮外苑の再開発地区を歩く（渥美昌純、五月二七日、神宮外苑フィールドワーク＋渋谷区穏田区民会館）★

パラリンピックは障害者差別を助長する（増田らな／北村小夜、一七年七月一五日、千駄ヶ谷区民会館）★

オリンピックはスポーツをダメにする!?（山本敦久／岡崎勝、一〇月九日、アカデミー音羽）★

ナショナルイベントとしての東京五輪（天野恵一／鵜飼哲、一二月一六日、一橋大学）★

二〇一八年

3・11と東京五輪　アンダーコントロール？　復興？（小出裕章／佐藤和良、三月三一日、文京区民センター）★

オリンピックは誰のため？　何のため？　過去の映像が私たちに語りかけること（永田浩三／谷口源太郎／天野恵一、九月八日「通底する動員の構造1940~2020」／九月一六日「『政治』と『芸術』レニ・

リーフェンシュタールと市川崑を読み解く」、武蔵大学）
スポーツ（活動）の主役は誰か　スポーツ振興法からスポーツ基本法へ（谷口源太郎、一〇月八日、豊洲シビックセンター☆
2020年オリンピック　ボランティア動員？　おかしいぞ！（本間龍、一二月七日、文京シビックセンター）

二〇一九年

スポーツとジェンダー・セクシュアリティ　ナショナリズムと植民地主義の視点から（井谷聡子、一月五日、文京シビックセンター）☆
誰のためのスポーツなのか　市民参加への道（谷口源太郎、一月二七日、小石川運動場）☆
東京五輪施設建設と外国人労働者（恵羅さとみ、三月三一日、文京シビックセンター）
映像企画　オリンピックと放射能「復興五輪」という欺瞞（倉澤治雄、五月二五日、武蔵大学）
なぜ私たちはパラリンピックに反対するのか（北村小夜／谷口源太郎、六月一五日、大田区消費者生活センター）

巻末の「2020東京オリンピックに反対する18の理由」は、「オリンピックおことわリンク」で分担執筆した同題のパンフレットを圧縮したものです。

本書はフリー編集者でオリンピック災害おことわり連絡会のメンバーでもある宮田仁氏に編集作業をお願いしました。また亜紀書房の内藤寛氏に校正の過程で貴重なコメントをいただきました。編者としてお二人に深く感謝いたします。

一年後の東京オリンピック開催へ向けて、私たちは、講座の継続もふくめ、さまざまな抵抗の身振りを展開し、そのうねりを広げていくつもりです。本書がオリンピックとその問題、ひいては現代社会そのものについてより深く考えるためのきっかけになることを願っています。

二〇一九年七月

編者

◉著者・編者一覧（＊は「オリンピックおことわリンク」メンバー）

イ・ギョンリョル

韓国「スポーツ文化研究所」で二〇一八年の平昌オリンピックへの抵抗運動に参加。

谷口源太郎（たにぐち げんたろう）

一九三八年生れ。スポーツ・ジャーナリスト。著書『日の丸とオリンピック』（文藝春秋）、『スポーツを殺すもの』（花伝社）、『スポーツ立国の虚像』（同）ほか。

ジゼレ・タナカ

ブラジルの建築家、都市研究者。二〇一六年のリオデジャネイロ・オリンピックへの抵抗運動に参加。

渥美昌純（あつみ まさずみ）＊

東京にオリンピックはいらないネット。神宮外苑再開発に関して「法規制や天皇関係を無視する新国立競技場建設を許すな」（『インパクション』一九四号）や「歴史は繰り返される。一度目は悲劇として二度目は茶番として」（『季刊ピープルズ・プラン』七六号）ほかを寄稿。

増田らな（ますだ らな）＊

障害児学校労働者。

北村小夜（きたむら さよ）

一九二五年生れ。障害児を普通学校へ全国連絡会。著書『一緒がいいならなぜ分けた 特殊学級の中から』『おもちゃ箱ひっくり返した ひとりの女・教師の半生』『戦争は教室から始まる 元軍国少女・北村小夜が語る』（いずれも現代書館）ほか。

山本敦久（やまもと あつひさ）

一九七三年生れ。成城大学教員。スポーツ社会学、カルチュラル・スタディーズ専攻。著書『オリンピック・スタディーズ』（共著、せりか書房）、『反東京オリンピック宣言』（共編著、航思社）、『出来事から学ぶカルチュラル・スタディーズ』（共著、ナカニシヤ出版）、『やっぱりいらない東京オリンピック』（共著、岩波ブックレット）ほか。

岡崎勝（おかざき まさる）
一九五二年生れ。小学校教員。高度産業社会批判社・自由すぽーつ研究所。著書『学校再発見！子どもの生活の場をつくる』（岩波書店）、『センセイは見た！「教育改革」の正体』（青土社）、『親子で読む！東京オリンピック！ただしアンチ』（共著、ジャパンマシニスト社）ほか。

天野恵一（あまの やすかず）＊
一九四八年生れ。反天皇制運動連絡会、ピープルズ・プラン研究所運営委員、「市民の意見30の会・東京」ニュース編集委員。著書『きみはオリンピックを見たか』（編著、社会評論社）、『「日の丸・君が代」じかけの天皇制』（インパクト出版会）、『災後論核〈原爆・原発〉責任論へ』（同）ほか。

鵜飼哲（うかい さとし）＊
一九五五年生れ。一橋大学教員。フランス文学・思想専攻。著書『抵抗への招待』（みすず書房）、『償いのアルケオロジー』（河出書房新社）、『応答する力』（青土社）、『主権のかなたで』（岩波書店）、『ジャッキー・デリダの墓』（みすず書房）ほか。

小出裕章（こいで ひろあき）
一九四九年生れ。元・京都大学原子炉実験所。工学者（原子核工学）。著書『原発のウソ』（扶桑社）、『百年後の人々へ』（集英社新書）、『原発と戦争を推し進める愚かな国、日本』（毎日新聞出版）ほか。

佐藤和良（さとう かずよし）
一九五三年生れ。いわき市議会議員、脱原発福島ネットワーク、福島原発震災情報連絡センター。著書『東電原発犯罪 福島・新潟からの告発』（共編著、創史社）ほか。

井谷聡子（いたに さとこ）
関西大学教員。スポーツとジェンダー・セクシュアリティ研究専攻。著書『「体育会系女子」と「男らしさ」の言説 性規範と国家アイデンティティのせめぎ合いの中で』（関西大学出版、近刊）ほか。

で、オリンピックやめませんか？

2019年8月23日　第1版第1刷発行

編　者　天野恵一・鵜飼 哲
発行者　株式会社亜紀書房
郵便番号 101-0051
東京都千代田区神田神保町1-32
電話 (03)5280-0261（代表）
振替 00100-9-144037
http://www.akishobo.com
印刷・製本　株式会社トライ　http://www.try-sky.com
編　集　宮田 仁
装　丁　國枝達也

2019 Printed in Japan